40
74,-

Schriftenreihe zum Handbuch
für Internationale Zusammenarbeit

Band 2

Deutscher Akademischer Austauschdienst

Deutsche Partner in der internationalen wissenschaftlichen Zusammenarbeit

Verzeichnis deutscher Institutionen
Bearbeitet und ausgewählt von
Manfred Stassen und Hans Wilhelm

Stand Juni 1979

Nomos Verlagsgesellschaft
Baden-Baden

CIP-Kurztitelaufnahme der Deutschen Bibliothek

Deutsche Partner in der internationalen wissenschaftlichen Zusammenarbeit.
Verz. dt. Inst. / DAAD, Dt. Akad. Austauschdienst. – Baden-Baden, Nomos Verlagsgesellschaft.
1979. – Stand Juni 1979. – 1980.
    (Schriftenreihe zum Handbuch für internationale Zusammenarbeit; Bd. 2)
    ISBN 3-7890-0565-7
NE: Deutscher Akademischer Austauschdienst

1. Auflage 1979
© DAAD, Deutscher Akademischer Austauschdienst, Bonn 1979. Printed in Germany. Alle Rechte, auch die des Nachdrucks von Auszügen, der photomechanischen Wiedergabe und der Übersetzung vorbehalten.

Inhaltsverzeichnis

Vorwort des Herausgebers 7

Anmerkung der Bearbeiter 9

Institutionenverzeichnis 11

Sachregister 125

Abkürzungsregister 133

Ortsregister 139

Personenregister 153

Vorwort des Herausgebers

Die Vielzahl und Vielfalt der Institutionen und Organisationen staatlicher, halbstaatlicher oder privater Provenienz sowie die zahlreichen Gremien und Einzelinitiativen, die sich im Laufe der Jahrzehnte im Bereich der wissenschaftlichen Zusammenarbeit mit dem Ausland entwickelt haben, sind Ausdruck des kulturpolitischen Pluralismus der Bundesrepublik Deutschland. Gleichwohl bedeutet dies, daß es schon für die deutsche interessierte Öffentlichkeit nahezu unmöglich geworden ist, sich in dieser Vielfalt ohne Anleitung zurechtzufinden. Für das Ausland muß sich das Netz der Institutionen eher als Gestrüpp darstellen, wenn nicht versucht würde, mit Hilfe einer systematischen Erfassung und einer einheitlichen Darstellungsweise die Ziele und Aufgaben der einzelnen Partner zu verdeutlichen.

Wir sind uns bei diesem Versuch der Tatsache bewußt, daß eine mit modernen datentechnischen Methoden durchgeführte Erfassung und Auflistung zwar nicht die jahrelange Erfahrung im Umgang und in der Zusammenarbeit mit den Institutionen und Organisationen ersetzen können, halten den vorliegenden Band aber doch für ein wichtiges praxisorientiertes Hilfsmittel, das in die Hand eines jeden Multiplikators im akademischen-wissenschaftlichen Austausch, in der internationalen wissenschaftlichen und der hochschulpolitischen Kooperation gehört.

Aber nicht nur das Kulturpersonal vor Ort, sondern auch die Mitarbeiter der aufgeführten Institutionen und Organisationen sowie ihrer Partner im Ausland werden in diesem Verzeichnis eine wichtige Quelle für Erstinformationen und eine willkommene »Gedächtnisstütze« finden.

Der vorliegende Band »Deutsche Partner in der internationalen wissenschaftlichen Zusammenarbeit« erfaßt ca. 130 Institutionen und Organisationen verschiedener Aufgabenstellung, Trägerschaft und Größenordnung. Allen ist gemeinsam, daß sie zu ihren Zielen und Aufgaben als wesentlichen Bestandteil die Zusammenarbeit mit dem Ausland zählen.

Aus verständlichen Gründen war es nicht möglich, alle Hochschulinstitute, die mit den verschiedenen Aspekten der Auslandsforschung befaßt sind, aufzuführen. Hierfür verweisen wir auf die Vorlesungsverzeichnisse und Forschungsberichte der Hochschulen selbst, deren Adressen wir vollständig wiedergeben.

Dieses Verzeichnis erscheint als Band 2 der Schriftenreihe zum »Handbuch für Internationale Zusammenarbeit«, das von der VIZ herausgegeben wird und in der Nomos Verlagsgesellschaft, Baden-Baden, erscheint. (Bd. 1: »Deutsche Partner der Entwicklungsländer« wurde von der DSE, Band 3: »Deutsche Partner im internationalen Kulturaustausch« vom IfA betreut).

Das Datenmaterial der vorliegenden Sammlung wurde fast ausnahmslos aufgrund einer im Juni 1979 abgeschlossenen Befragungsaktion aller genannten Einrichtungen gewonnen. Ziel der Sammlung war eine nach den wichtigsten Kategorien gegliederte Bestandsaufnahme im Sinne einer Kurzinformation über auslandsbezogene Ziele, Aufgaben und Tätigkeiten der Institutionen, wie sie sie selbst definieren.

Der DAAD hofft, mit diesem Band der Schriftenreihe zum HIZ einen weiteren Beitrag zur Dokumentation im Wissenschaftsbereich geleistet zu haben.

Anmerkung der Bearbeiter

Das Verzeichnis, das keinen Anspruch auf Vollständigkeit erhebt, schließt, neben den sicherlich von allen Benutzern als einschlägige Institutionen und Organisationen akzeptierten Einrichtungen, auch solche ein, die nur an der Peripherie der internationalen wissenschaftlichen Zusammenarbeit wirken. Außerdem wurden bewußt solche Institutionen aufgenommen, deren eigentliches Aufgabengebiet im Bereich der Kulturpolitik im engeren Sinne oder der Entwicklungspolitik liegen mag, die aber in ihrem Selbstverständnis auch zur internationalen wissenschaftlichen Kooperation beitragen. Dabei wurde in Kauf genommen, daß einige Institutionen in den in derselben Schriftenreihe erscheinenden Bänden »Deutsche Partner im internationalen Kulturaustausch« und »Deutsche Partner der Entwicklungsländer« ebenfalls aufgeführt erscheinen.

Die durch Befragung der aufgeführten Institutionen gewonnenen Daten wurden, wo notwendig, durch Angaben aus deren veröffentlichten Selbstdarstellungen ergänzt und, im Rahmen der Vorgaben für den gesamten Band, von den Bearbeitern redigiert. Die Erfassung wurde im Juni 1979 abgeschlossen. Änderungen und Ergänzungen wurden – soweit sie den Bearbeitern bekannt geworden sind – bis ca. Mitte November 1979 berücksichtigt. Es ist vorgesehen, im Abstand von zwei Jahren eine aktualisierte Neuauflage zu erstellen.

Die Institutionen wurden mit Hilfe eines Kategorienschemas beschrieben; im Text erscheinen nur noch die Kategorien-Ziffern. Zur leichteren Handhabung des Verzeichnisses ist das Kategorienschema auf den Umschlagklappen abgedruckt.

Ein ausführlicher Registerteil mit Sach-, Orts-, Personen- und Abkürzungsregister erleichtert die gezielte Benutzung. In den Registern wird auf die laufende Nummer der Institutionen im Textteil verwiesen.

Institutionenverzeichnis

001

20	Afrika-Kollegium e. V.
21	AK
23	Neuer Jungfernstieg 21, 2000 Hamburg 36
26	1975
31	Prof. Dr. Günter Borchert
40	Abhaltung von wissenschaftlichen Symposien und Kolloquien. Das Kollegium kann von Fall zu Fall Forschungsaufgaben übernehmen und Forschungsergebnisse veröffentlichen. Das AK ist Mitstifter der Stiftung Institut für Afrika-Kunde, Hamburg, und nimmt die in dessen Stiftungsgeschäft und -satzung vorgeschriebenen Funktionen wahr (Vertretung in Vorstand und Kuratorium).
53	Archiv
54	Informationserteilung
55	„Afrika-Kollegium" (geplant)

002

20	Afrika-Verein e. V.
21	AV
23	Neuer Jungfernstieg 21, 2000 Hamburg 36
24	040/34 30 51 - 53 2 162 311 afdo d
26	1934
31	Konsul R. D. Mehr (Vorstandsvorsitzender) Dr. Martin Krämer (Geschäftsführer)
33	Heinrich Köhler, P.O.B 728, Lagos-Victoria Island/Nigeria; Dr. Volker Hansen, P.O.B 8125, Woodlands, Lusaka/Sambia; Dr. Jens Peter Breitengroß, P.O.B 4 00 81, Nairobi/Kenia; Christian Eikenberg, c/o Botschaft der Bundesrepublik Deutschland, BP 35, Tunis/Tunesien
35	Inland: 11, Ausland: 4
40	Förderung der deutschen Interessen in Afrika in den Bereichen Wirtschaft, Kultur und Wissenschaft; Förderung des Interesses für Afrika in der Bundesrepublik Deutschland auf den gleichen Gebieten
53	Archiv: Presse
54	Informationserteilung; Abgabe von Fotokopien gegen Kostenerstattung

55 Nur für Mitglieder: „Afrika Informationen - Wirtschaft, Politik, Recht", 17-mal jährlich

56 Afrika Wirtschaft 1976/77. Hrsg. Dr. Martin Krämer. Hamburg: Übersee Verlag
Industrieberichte Nr. 19: Sambia - Voraussetzungen und Möglichkeiten der privaten Investition. Hrsg. Hans-Dieter Sauer, 1975; Nr. 20: Uganda - Voraussetzungen und Möglichkeiten der privaten Investition. Hrsg. Wolfgang Schneider-Barthold, 1976

003

20 **Akademie der Wissenschaften in Göttingen**

21 Akad. d. Wiss.

23 Theaterstr. 7, 3400 Göttingen

24 0551/4 12 98

26 1751

32 Konferenz der Akademien der Wissenschaften in der Bundesrepublik Deutschland

40 Dienst an der Wissenschaft in eigener Arbeit und im Zusammenwirken mit den gelehrten Körperschaften des In- und Auslandes

54 Informationserteilung; Fotokopien gegen Kostenerstattung

56 Göttingische Gelehrte Anzeigen (Rezensionsorgan)
Nachrichten der Akademie der Wissenschaften in Göttingen
Abhandlungen der Akademie der Wissenschaften in Göttingen
Jahrbuch der Akademie der Wissenschaften in Göttingen
Fachreihen

004

20 **Akademie der Wissenschaften und der Literatur zu Mainz**

23 Geschwister-Scholl-Str. 2, 6500 Mainz

24 06131/5 30 11 und 5 30 13

26 1949

31 Prof. Dr. Heinrich Otten (Präsident)
Prof. Dr. Gerhard Thews, Prof. Dr. Wolfgang P. Schmid, Dieter Hofmann (Vizepräsidenten)
Dr. Günter Brenner (Generalsekretär)

32 Konferenz der Akademien der Wissenschaften in der Bundesrepublik Deutschland

35	Inland: 101; Ausland: 16
40	Betreuung und Durchführung zumeist langfristiger Vorhaben auf dem Gebiet der geistes- und naturwissenschaftlichen Grundlagenforschung; literarische Werkausgaben
51	30 000
53	Archiv: Presse
54	Informationserteilung; Buchausleihe
56	Jahrbuch der Akademie, Abhandlungen, Reihen, (vgl. Publikationsliste im Jahrbuch oder Publikationsverzeichnis)

005

20	**Akademisches Auslandsamt**
23	siehe Hochschule

006

20	**Alexander von Humboldt-Stiftung**	
21	AvH	
23	Jean-Paul-Str. 12, 5300 Bonn 2	
24	02221/36 30 21	8 85 627
26	1860	
31	Prof. Dr. Wolfgang Paul (Präsident) Dr. Heinrich Pfeiffer (Generalsekretär und geschäftsführendes Vorstandsmitglied)	
32	Stifter: Bundesrepublik Deutschland, vertreten durch den Bundesminister des Auswärtigen	
35	44	
40	Vergabe von Stipendien an wissenschaftlich hochqualifizierte junge Akademiker fremder Nationalität ohne Ansehen des Geschlechts, der Rasse, Religion oder Weltanschauung zur Durchführung eines Forschungsvorhabens in der Bundesrepublik Deutschland; Nachkontaktarbeit durch Buch- und Gerätespenden, Wiedereinladungen nach der Rückkehr in das jeweilige Heimatland	
50	1. Literatur von und über Alexander von Humboldt; Bildungs-, Wissenschafts- und Forschungsförderung; Hochschulprobleme	
51	4.000	
54	Informationserteilung für begrenzten Benutzerkreis	
55	Jahresbericht; Informationsmaterial; Mitteilungen für Humboldt-Stipendiaten	

56 Veröffentlichung der Ergebnisse der von der Alexander von Humboldt-Stiftung durchgeführten Fachsymposien

007
20 Amt für Ausbildungsförderung

23 Bezirksamt Charlottenburg von Berlin, Abteilung Sozialwesen, Schloßstr. 1, 1000 Berlin 19 (Bereich Italien)
Senator für Bildung, Rembertiring 8-12, 2800 Bremen (Bereich Amerika ohne Vereinigte Staaten sowie Australien und Ozeanien)
Oberbürgermeister der Stadt Essen, Heroldshaus, Kennedyplatz, 4300 Essen (Bereich Großbritannien und Irland)
Oberbürgermeister der Stadt Flensburg, Am Pferdewasser, 2390 Flensburg, (Bereich Skandinavien)
Behörde für Wissenschaft und Kunst, Hamburger Straße 45, 2000 Hamburg 76, (Bereich Vereinigte Staaten, Afrika und Asien mit Ausnahme des in Asien gelegenen Teils der UdSSR, europäischer Teil der Türkei)
Landeshauptstadt Hannover, Emmichplatz 3, 3000 Hannover (Bereich Belgien, Luxemburg und Niederlande)
Landratsamt Mainz-Bingen, Postfach 30 24, Schillerstraße 44, 6500 Mainz (Bereich Bulgarien, Frankreich außer Paris, Polen, Rumänien, Tschechoslowakei, UdSSR und Ungarn)
Landeshauptstadt München - Schulreferat, Oberanger 38, 8000 München 2 (Bereich Österreich)
Landrat des Landkreises Saarbrücken-Land, Am Schloßplatz, 6600 Saarbrücken (Bereich Malta, Portugal und Spanien)
Stadt Stuttgart, Postfach, 7000 Stuttgart (Bereich Liechtenstein und Schweiz)
Der hessische Kultusminister, Luisenplatz 10, 6200 Wiesbaden (Bereich Griechenland, Jugoslawien und Zypern sowie Stadt Paris)

40 Behörden nach dem BAföG
41 Entscheidung über die Gewährung eines Zuschlages für das Studium im Ausland für BAföG-Empfänger

008
20 Amt für Migration
23 siehe Bundesverwaltungsamt

009
20 Arbeitsgemeinschaft Afghanistan
21 AA
23 Hellwigstr. 19, 6600 Saarbrücken

24	0681/3 02-33 14
26	1966
31	Prof. Dr. Carl Rathjens, Geographisches Institut der Universität Saarbrücken
40	Förderung der Forschung, Dokumentation und Information über Afghanistan; Zusammenarbeit mit afghanischen Wissenschaftlern, insbesondere von der Universität Kabul
50	3. Afghanistan (beim Institut für Entwicklungsforschung und Entwicklungspolitik der Universität Bochum, Universitätsstr. 2148, 4630 Bochum)
52	Literaturdokumentation; Datendokumentation
53	Archiv: Presse
54	Informationserteilung; Abgabe von Fotokopien und Buchausleihe gegen Kostenerstattung
56	Afghanistan. Tübingen: Erdmann-Verlag, 1975; Afghanische Studien. Meisenheim: Verlag Anton Hain - seit 1969 sind 15 Bände erschienen.

010
20 Arbeitsgemeinschaft der Großforschungseinrichtungen

21	AGF	
22	National Research Centers	
23	Ahrstr. 45, 5300 Bonn 2	
24	02221/30 22 49, 30 22 50	885 420 WZ
26	1970	
31	Prof. Herwig Schopper (Vorsitzender) Dr. Horst Zajonc (Leiter der Geschäftsstelle)	
35	Geschäftsstelle: 4	

40 Zusammenschluß von 12 Großforschungseinrichtungen in der Bundesrepublik Deutschland (Deutsches Elektronen-Synchrotron - DESY; Deutsche Forschungs- und Versuchsanstalt für Luft- und Raumfahrt - DFVLR; Deutsches Krebsforschungszentrum - DKFZ; Gesellschaft für Biotechnologische Forschung - GBF; GKSS - Forschungszentrum Geesthacht; Gesellschaft für Mathematik und Datenverarbeitung - GMD; Gesellschaft für Strahlen- und Umweltforschung - GSF; Gesellschaft für Schwerionenforschung - GSI; Hahn-Meitner-Institut für Kernforschung Berlin - HMI; Max-Planck-Institut für Plasmaphysik - IPP; Kernforschungsanlage Jülich - KFA; Kernforschungszentrum Karlsruhe - KfK) zum Zweck des Erfahrungsaustauschs, der Koordinierung der Forschungs- und Entwicklungstätigkeit, um Sonderaufgaben im gemeinsamen Interesse wahrzunehmen und gemeinsame Belange nach außen zu vertreten

41 Über die Mitgliedsorganisationen Durchführung von Großprojekten in internationaler Zusammenarbeit; Zusammenarbeit mit ca. 1 000 ausländischen und internationalen Organisationen in ca. 60 Ländern; es bestehen Personenaustauschabkommen mit zahlreichen ausländischen Forschungszentren

54 Informationserteilung

55 Programmbudget; AGF-Mitteilungen; Fusionsprogramm; Umweltforschung und Umweltschutz; Scientific and Technological Cooperation with Developing Nations

011

20 Arbeitsgemeinschaft Deutsche Lateinamerika-Forschung

21 ADLAF

23 Godesberger Allee 149, 5300 Bonn 2

24 02221/8 83-1   21 693 ibero d

26 1964

31 Geschäftsführung 1979:
Dr. Michael Domitro, Forschungsinstitut der Friedrich-Ebert-Stiftung

40 Nutzbarmachung der in der Bundesrepublik Deutschland vorhandenen Erfahrungen und Quellen über die Länder Lateinamerikas für Mitglieder und interessierte Kreise;
Förderung und Koordinierung der Dokumentations-, Forschungs-, Lehr- und Publikationstätigkeit;
Verstärkung der Zusammenarbeit aller an der Lateinamerikakunde beteiligten Wissensgebiete; Vertretung der Interessen der Mitglieder im Bereich Lateinamerikaforschung;

	Pflege und Erweiterung der Kontakte mit verwandten in- und ausländischen Institutionen; Durchführung von Spanisch- und Portugiesisch-Intensivkursen
55	Informationsdienst der ADLAF
56	1. Schriftenreihe der ADLAF. Bisher erschienen 4 Bände; 2. Lateinamerikaforschung. Neuere Veröffentlichungen in der Bundesrepublik Deutschland, 1976; diese Schriften sind zu beziehen von der Dokumentations-Leitstelle Lateinamerika, Neuer Jungfernstieg 21, 2000 Hamburg 36

012
20 Arbeitsgemeinschaft Vorderer Orient für gegenwartsbezogene Forschung und Dokumentation

21	AGVO
23	Mittelweg 150, 2000 Hamburg 13
24	040/45 75 81 und 45 55 32
26	1967
31	Geschäftsführung 1978/79: Dr. Udo Steinbach, Deutsches Orient-Institut (Vorsitzender) Prof. Dr. Ernst Klingmüller; Dr. Emil Kümmerer; Dr. Konrad Dilger; Dr. Werner Ende; Prof. Dr. Klaus E. Rohde; Prof. Dr. Eugen Wirth
40	Gegenwartsbezogene Forschung und Dokumentation über den Nahen Osten (von Marokko bis Pakistan) auf den Gebieten: Sozialwissenschaften im weiteren Sinne, Wirtschaftswissenschaften, Geo-, Ethno-, Agrarwissenschaften, Angewandte Technik, Islamkunde/Orientalistik

013
20 Arbeitskreis der Deutschen Afrika-Forschungs- und Dokumentationsstellen

21	ADAF
23	Neuer Jungfernstieg 21, 2000 Hamburg 36
24	040/3 56 25 23-4
26	1967

31	Geschäftsführung 1977 - 1979: Dr. Hans-Gert Braun, IFO-Institut für Wirtschaftsforschung, Poschingerstr. 5, 8000 München 86 Dr. Rolf Hofmeier, Institut für Afrika-Kunde, Neuer Jungfernstieg 21, 2000 Hamburg 36 Dr. Heribert Weiland, Arnold-Bergstraesser-Institut, Erbprinzenstr. 11, 7800 Freiburg/Brsg.
40	Nutzbarmachung der in der Bundesrepublik Deutschland vorhandenen Erfahrungen und Quellen über die Länder Afrikas für die Mitglieder und interessierte Kreise; Koordinierung und Förderung der interdisziplinären Forschung und Dokumentation in diesem Bereich; Pflege und Erweiterung der Kontakte mit verwandten in- und ausländischen Institutionen
55	Rundbrief des ADAF. Hrsg.: IFO-Institut für Wirtschaftsforschung (nur für Mitglieder); Protokolle der Vollversammlungen (zu beziehen von der Deutschen Stiftung für internationale Entwicklung, Zentrale Dokumentation, Endenicher Str. 41, 5300 Bonn)

014

20	**Arbeitskreis Deutsch als Fremdsprache beim DAAD**
21	AKDaF
23	Sekretariat: DAAD, Referat 225, Kennedyallee 50, 5300 Bonn 2
24	02221/88 23 63
26	1972
31	Dr. Armin Wolff (Geschäftsführer)
40	Sachverständigenkreis für Fach- und Organisationsfragen im Fach Deutsch als Fremdsprache an Hochschulen und Studienkollegs
41	Erstellen von Auswahlbibliographien, Rezensions- und Textsammlungen im Fach Deutsch als Fremdsprache; Beachtung hochschulpolitischer und fachspezifischer Fragen für alle Länder
55	„Information Deutsch als Fremdsprache" „Materialien Deutsch als Fremdsprache" „Dokumentation Deutsch als Fremdsprache an den Hochschulen und Studienkollegs der Bundesrepublik Deutschland einschließlich Berlin (West)"

015

20	**Arbeitskreis Europäische Integration e.V.**
21	AEI

23	Zitelmannstr. 22, 5300 Bonn 1	
24	02221/23 80 41	88 66 48
26	1969	
31	Prof. Dr. Bodo Börner (Präsident) Prof. Dr. Ronald Clapham (Vorsitzender des Vorstandes) Holger Mirek (Geschäftsführer)	
40	Information über die Europäische Gemeinschaft im Bereich der Universitäten und Hochschulen, wissenschaftliche Forschung, Tagungen, Vortragsveranstaltungen, Veröffentlichungen, Austausch und Registrierung von Dokumenten und wissenschaftlichen Arbeiten	
52	Literaturdokumentation	
54	Informationserteilung	
55	Tätigkeitsbericht Auswahlbibliographie zur Europäischen Integration (8mal p.a.)	

016
20	**Arbeitskreis für gegenwartsbezogene Forschung und Dokumentation über den süd- und ostasiatischen Raum**
21	AGDA
23	Rothenbaumchaussee 32, 2000 Hamburg 13
24	040/44 30 01-03
26	1967
31	Geschäftsführung 1978/79: Dr. Werner Draguhn, Deutsches Institut für Asienkunde
40	Interdisziplinäre gegenwartsbezogene Grundlagen- und Zweckforschung über den süd- und ostasiatischen Raum der beteiligten Institute in der Bundesrepublik Deutschland einschließlich West-Berlin

017
20	**Arnold-Bergstraesser-Institut für kulturwissenschaftliche Forschung**
21	ABI
23	Windausstr. 16, 7800 Freiburg
24	0761/8 50 91
26	1960

31 Prof. Dr. Dieter Oberndörfer (Direktor)
Prof. Dr. Theodor Hanf (Direktor)
Treufried Grau (Geschäftsführer)

40 Sozialwissenschaftliche Forschung in Entwicklungsländern mit folgenden Schwerpunkten:
Formales und außerinstitutionelles Erziehungswesen, politische Akkulturation; Verwaltungsrecht, -struktur und -personal (einschließlich Planungs-, Steuer- und Kommunalverwaltung)

51 ca. 42.000

55 Aktuelle Informations-Papiere zu Entwicklung und Politik (AIP), erscheinen mehrmals jährlich in unregelmäßigen Abständen zu besonderen Themen aus dem Forschungsbereich des Instituts (Versand an Interessenten)

56 Reihen: „Studien zu Entwicklung und Politik" (bisher 4 Bände); „Materialien zu Entwicklung und Politik" (bisher 13 Bände). Beide Reihen erscheinen im Weltforum Verlag, München

018

20 Association Internationale des Étudiants en Sciences Économiques et Commerciales - Deutsches Komitee e. V. (Internationale Vereinigung der Studenten der Wirtschaftswissenschaften)

21 AIESEC

23 Moltkestr. 10, 5000 Köln 1

24 0221/24 18 18 und 24 15 18

26 1949

31 Marianne Thomann (1. Vorsitzende)
Vertreter: Cristoph Brützle, Wolfgang Franzen, Ralph Reiber

32 Internationales AIESEC-Sekretariat, Brüssel/Belgien

35 3

40 Praktikanten-Austausch:
Vermittlung von Ausbildungs- und Trainingsprogrammen für Studenten der Wirtschafts- und Sozialwissenschaften in allen Unternehmens- und Wirtschaftsbereichen;
Durchführung von Kontaktgesprächen zwischen Studenten und Unternehmern;
Veranstaltung von Seminaren und Forumsreihen in Zusammenarbeit mit Unternehmern zur innerbetrieblichen Weiterbildung und Förderung berufsnaher Kommunikation

52	Datendokumentation
53	Archiv: Presse
54	Informationserteilung; Abgabe von Fotokopien gegen Kostenerstattung
55	Jahresbericht
56	„Von der Universität in den Betrieb"

019
20 Auslandsstelle des Deutschen Bundesstudentenringes e. V.

21	DBstR
23	Kaiserstr. 43, 5300 Bonn 1 Postanschrift: Postfach 13 21 34, 2000 Hamburg 20
24	02221/65 29 77 8 869 431
31	Geschäftsführender Vorstand: Thomas Becker Vorstandsmitglieder: Bernhard Baumann, Thomas Ferber, Ulrich Tost, Friedrich Weddige
40	Internationale Arbeitslager; studentischer Tourismus; internationale Seminare

020
20 Ausschuß zur Koordinierung der akademischen Auslandsbeziehungen

21	AKA
30	Freiwilliger Zusammenschluß der folgenden Institutionen: Alexander von Humboldt-Stiftung; Deutscher Akademischer Austauschdienst; Deutsche Forschungsgemeinschaft; Max-Planck-Gesellschaft; Westdeutsche Rektorenkonferenz; Arbeitsgemeinschaft der Großforschungseinrichtungen Als Gast nimmt an den Sitzungen Teil: Wissenschaftsrat
31	Kein eigenes Sekretariat; Vorbereitung der Sitzungen und Protokollführung liegen bei der jeweils gastgebenden Institution
40	Koordinierung der Auslandstätigkeit der beteiligten Institutionen; Informations- und Erfahrungsaustausch auf diesem Gebiet

021
20 Auswärtiges Amt

21 AA

23 Adenauerallee 99-103, 5300 Bonn 1

24 02221/1 71

31 Bundesminister Hans-Dietrich Genscher

40 Durch das Auswärtige Amt nimmt die Bundesregierung die auswärtigen Angelegenheiten wahr, über die der Bund nach Artikel 73 des Grundgesetzes die ausschließliche Gesetzgebung hat. Zur Erledigung dieser Aufgaben bedient sich die Bundesregierung im Inland des Auswärtigen Amtes, im Ausland diplomatischer und konsularischer Vertretungen. Ausserdem ist dem Auswärtigen Amt das Deutsche Archäologische Institut in Berlin unterstellt. Für die außenpolitischen Beziehungen einschließlich Beziehungen zu internationalen Organisationen sind die Länderreferate und die internationalen Referate der politischen Abteilungen 2 und 3 und die Fachreferate der Abteilung 4 für Außenwirtschaftspolitik, Entwicklungspolitik und europäische wirtschaftliche Integration zuständig. Rechtsfragen für Verträge mit dem Ausland werden von der Abteilung 5 bearbeitet. Für die Auswärtige Kulturpolitik der Bundesrepublik Deutschland ist die Abteilung 6 zuständig.

022
20 Battelle-Institut e. V.

21 Battelle

23 Postfach 90 01 60, Am Römerhof 35, 6000 Frankfurt/Main 90

24 0611/7 90 81

26 1952

31 Dr. rer. nat. Horst Haeske

33 Allmänna Ingenjörsbyrân AB, Postfach 55 11, Artillerigatan 42, S-11485 Stockholm
P. W. Meinhardt, p/a Nederlands-Duitse Kamer van Koophandel, Nassauplein 30, NL-2011 Den Haag
Dipl.-Ing. Ernst Ungethüm, Opernring 11, A-1010 Wien 1

35 863

40	Forschung, Entwicklung, Innovation auf der Grundlage von Verträgen für die Gebiete: Biologie, Chemie und Werkstoffe, Ingenieurwesen, Physik, Wirtschafts- und Sozialforschung; naturwissenschaftliche, technische und wirtschaftswissenschaftliche Seminare und Symposien; wirtschaftliche und soziologische Studien für Wirtschaftsverbände
51	45 000
54	Informationserteilung und Abgabe von Fotokopien gegen Kostenerstattung
55	„Battelle-Information"
56	Bücher von Mitarbeitern; Forschungsberichte für Behörden (soweit freigegeben); Artikel von Mitarbeitern in Fachzeitschriften

023
20 Bundesforschungsanstalt für Fischerei

21	BFA Fischerei	
23	Palmaille 9, 2000 Hamburg 50	
24	040/38 16 01	2 14 911 bah
26	1948	
31	Ltd. Direktor und Professor Dr. K. Tiews Institut für Seefischerei: Ltd. Direktor und Professor Dr. D. Sahrhage Institut für Küsten- und Binnenfischerei: Ltd. Direktor und Professor Dr. K. Tiews Institut für Fangtechnik: Ltd. Direktor und Professor Dr. R. Steinberg Institut für Biochemie und Technologie: Ltd. Direktor und Professor Dr. W. Schreiber Isotopenlaboratorium: Direktor und Professor Dipl.-Phys. W. Feldt Informations- und Dokumentationsstelle: Dr. W.P. Kirchner	
32	Bundesministerium für Ernährung, Landwirtschaft und Forsten, Bonn	
35	214	
40	Forschung im Bereich der Fischwirtschaft von der Produktion bis zur Verarbeitung unter Berücksichtigung aller Zweige der Küsten- und Hochseefischerei, zum Teil auch der Binnenfischerei.	
50	1. Fischereiwissenschaft; Meeresbiologie; Limnologie; Aquakultur; Ichthyologie; Fischereihydrographie; Biochemie; Fischwirtschaft	
51	43.450	
52	Literaturdokumentation	
54	Informationserteilung; Abgabe von Fotokopien gegen Kostenerstattung	
55	Jahresbericht; Prospekt	

56 Archiv für Fischereiwissenschaft; Informationen für die Fischwirtschaft; Schriften der BFA Fischerei; Mitteilungen aus dem Institut für Seefischerei; Veröffentlichungen des Instituts für Küsten- und Binnenfischerei; Protokolle zur Fischereitechnik

024
20 **Bundesforschungsanstalt für Forst- und Holzwirtschaft**

21 BFH

23 Leuschnerstr. 91, 2050 Hamburg 80

24 040/73 91 91

26 1946

31 Präsident und Professor Dr. G. Eisenhauer
Verwaltungsleiter: Regierungsamtsrat E. Rohwer
Institute:
1. Institut für Weltforstwirtschaft: Professor Dr. Claus Wiebecke
2. Institut für Holzbiologie und Holzschutz: Professor Dr. Walter Liese
3. Institut für Holzchemie und chemische Technologie des Holzes: Direktor und Professor Dr. Schweers
4. Institut für Holzphysik und mechanische Technologie des Holzes: Professor Dr. Detlef Noack
5. Institut für Forstgenetik und Forstpflanzenzüchtung: Sieker Landstr. 2, 2070 Großhansdorf 2,
Tel. 04102/6 10 79,
Ltd. Direktor und Professor Dr. G. H. Melchior
6. Institut für Arbeitswissenschaft
Vorwerkbusch 1, 2057 Reinbek b. Hamburg
Tel. 040/7 22 30 20
Ltd. Direktor und Professor Dr. G. Eisenhauer
7. Dokumentation: Wiss. Oberrat Siegfried Schrader

32 Bundesministerium für Ernährung, Landwirtschaft und Forsten, Bonn

35 215

40 Forschung und Lehre (in Zusammenarbeit mit der Universität Hamburg) im Bereich Forst- und Holzwirtschaft mit folgenden Schwerpunktgebieten: Erhaltung des Waldes und Steigerung seiner Leistung für eine ausreichende Rohstoffversorgung, für den Schutz der natürlichen Umwelt und die Erholung der Bevölkerung;
Verbesserung der Produktivität, Struktur und Wirtschaftlichkeit sowie Marketing in der Forst- und Holzwirtschaft;
Erhaltung, Verbesserung und Standardisierung der Eigenschaften von Holz und Holzprodukten für die Versorgung der Bevölkerung mit hochwertigen Erzeugnissen;

Weiterentwicklung und Rationalisierung von Verfahrenstechniken der Holzbearbeitung und -verarbeitung für eine verbesserte Nutzung des Rohstoffs Holz; Qualitätsverbesserung der Endprodukte sowie Entwicklung umweltfreundlicher Technologien in der Holzwirtschaft; Eigenschaften und Verwendungsmöglichkeiten bisher wenig bekannter oder wenig genutzter Holzarten - insbesondere der tropischen und subtropischen Gebiete - für die Sicherung der zukünftigen Holzversorgung durch Erweiterung der Rohstoffbasis;
Beobachtung der Situation und Verbesserung der Märkte für Rohholz, Holzhalb- und Fertigwaren sowie Zellstoff und Papier;
Durchführung eines 2-semestrigen Zusatzstudiums für Weltforstwirtschaft auch für Teilnehmer aus Entwicklungsländern;
Bereitstellung von Arbeitsplätzen für ausländische Gastforscher und Counterparts;
Beratung und Erstellung von Gutachten in diesem Bereich

50	1./2. Forst- und Holzwirtschaft
51	60.000
52	Literaturdokumentation; Datendokumentation
54	Informationserteilung und Abgabe von Fotokopien gegen Kostenerstattung; Buchausleihe
56	1. Mitteilungen der Bundesforschungsanstalt für Forst- und Holzwirtschaft, Komm.-Verlag M. Wiedebusch, Dammtorstr. 20, 2000 Hamburg 36 2. Silvae Genetica. Zeitschrift für Forstgenetik und Forstpflanzenzüchtung. J. D. Sauerländer's Verlag, Finkenhofstr. 21, 6000 Frankfurt 1 3. Weltforstatlas. Verlag Paul Parey, Postfach 11 29, 2000 Hamburg 1

025

20 Bundesforschungsanstalt für Landwirtschaft

21	FAL
23	Bundesallee 50, 3300 Braunschweig-Völkenrode
24	0531/59 61
26	1947
31	Präsident und Professor Dr. K. Meinhold Institut für Biochemie des Bodens: N.N. Institut für Bodenbiologie: Ltd. Direktor und Professor Dr. rer. nat. K. H. Dorsch Institut für Pflanzenbau und Saatgutforschung: Ltd. Direktor und Professor Dr. sc. agr. M. Dambroth Institut für Grünlandwirtschaft, Futterbau und Futterkonservierung: Ltd. Direktor und Professor Dr. sc. agr. E. Zimmer

Institut für Tierzucht und Tierverhalten, 3057 Neustadt: Direktor und Professor Dr. med. vet. Dr. agr. D. Schmidt
Institut für Tierernährung: Ltd. Direktor und Professor Dr. agr. H. J. Oslage
Institut für Kleintierzucht, Dörnbergstr. 25-27, 3100 Celle
Direktor und Professor Dr. agr. Rose-Marie Wegner
Institut für landtechnische Grundlagenforschung: Ltd. Direktor und Professor Dr.-Ing. W. Batel
Institut für Landmaschinenforschung: Ltd. Direktor und Professor Dr.-Ing. W. Baader
Institut für landwirtschaftliche Bauforschung: Ltd. Direktor und Professor Dr. agr. J. Piotrowsk
Institut für Betriebstechnik: N.N.
Institut für Betriebswirtschaft: Ltd. Direktor und Professor Dr. K. Meinhold
Institut für landwirtschaftliche Marktforschung: Ltd. Direktor und Professor Dr. sc. agr. H. E. Buchholz
Institut für Strukturforschung: Ltd. Direktor und Professor Dr. sc. agr. E. Neander
Isotopenlaboratorium: Diplomchemiker H. Keppel
Chemisches Untersuchungslaboratorium: N.N.
Versuchsstation: H. Cornelius
Zentralbücherei: Dipl.-Landw. F.-W. Probst
Dokumentationsschwerpunkt Bodenkunde, Bodenerhaltung und Pflanzenernährung: Dr. agr. C. Schetters
Dokumentationsschwerpunkt Landtechnik: Dr. agr. W. Manier

32 Bundesministerium für Ernährung, Landwirtschaft und Forsten, Bonn

35 928

40 Forschung im Bereich der Landbauwissenschaften und verwandter Wissenschaften mit den Schwerpunkten: Boden, Pflanze, Tier, Technik, Ökonomie;
Pflege der internationalen Zusammenarbeit mit Wissenschaftlern und Institutionen;
Beratung der Bundesregierung

50 2. Landtechnik, Bodenkunde und Pflanzenernährung

51 798.069; Zeitschriftenbestand. 36.069

52 Literaturdokumentation; Datendokumentation

53 Archiv

54 Informationserteilung; Abgabe von Fotokopien; Buchausleihe

55 Jahresbericht; Landbauforschung Völkenrode, Wissenschaftliche Mitteilungen der Bundesforschungsanstalt, 3-mal jährlich

026
20 **Bundesinstitut für ostwissenschaftliche und internationale Studien**
21 BIOST
23 Lindenbornstr. 22, 5000 Köln 30
24 0221/52 20 01
26 1961
31 Dr. oec. publ. Heinrich Vogel (Direktor)
35 77
40 Untersuchung der gegenwärtigen politischen, gesellschaftlichen, wirtschaftlichen, rechtlichen und ideologischen Verhältnisse und Entwicklungen in Osteuropa, besonders in der Sowjetunion; Untersuchung der Auswirkungen der sowjetischen Politik auf die Politik anderer Staaten; Beobachtung der Entwicklungen in den kommunistischen und kommunistisch beeinflußten Parteien anderer Staaten; Studium der historischen und philosophischen Grundlagen des Marxismus-Leninismus und seiner Varianten
50 1./2./3. Politische, wirtschaftliche, kulturelle und geschichtliche Entwicklung Osteuropas (insbesondere der Sowjetunion) und Chinas; internationale Beziehungen kommunistischer Staaten; Gegenwartsprobleme kommunistischer Bewegungen in der Welt; Marxismus-Leninismus; kommunistische Ideologien
51 147.000
52 Literaturdokumentation
53 Archiv: Presse
54 Informationserteilung; Abgabe von Fotokopien gegen Kostenerstattung
55 Reihe: „Berichte des Bundesinstituts" (gegen Erstattung der Portokosten)
56 Publikationsverzeichnis erhältlich

027
20 **Bundeskanzleramt**
21 BK
23 Adenauerallee 139-141, 5300 Bonn 1
24 02221/5 61
31 Bundeskanzler Helmut Schmidt
Chef des Bundeskanzleramtes: Staatssekretär Dr. Manfred Schüler

40	Nach dem Grundgesetz bestimmt der Bundeskanzler die Richtlinien der Politik und leitet die Geschäfte der Bundesregierung. Er bedient sich dabei des Bundeskanzleramtes, das ihn über die laufenden Fragen der allgemeinen Politik und die Arbeit der Bundesministerien zu unterrichten hat, seine Entscheidungen vorbereitet und auf die Durchführung achtet. In der Abteilung 2 bearbeitet die Gruppe 21 u. a. die Auswärtigen Beziehungen, die Entwicklungspolitik und die weltweiten internationalen Organisationen. Abteilung 5 ist zuständig für die mittel- und langfristige politische Planung sowie für die Beobachtung des gesellschaftlichen und wirtschaftlichen Wandels

028
20 Bundesministerium für Bildung und Wissenschaft

21	BMBW
23	Heinemannstr. 2, 5300 Bonn 2
24	02221/5 71
31	Bundesminister Dr. Jürgen Schmude
40	Der Geschäftsbereich des Ministeriums umfaßt im Rahmen der Zuständigkeit des Bundes folgende Aufgabengebiete: Bildungsplanung und Bildungsforschung, Ausbildungsförderung und Förderung des wissenschaftlichen Nachwuchses, Berufliche Bildung und Berufsbildungsförderung, Hochschulwesen und Wissenschaftsförderung.
41	Die für das Ausland relevante Zusammenarbeit des Ministeriums liegt bei der Abteilung IV für Hochschulen und Wissenschaftspolitik: Hier wird die internationale Zusammenarbeit im Bereich Bildung und Wissenschaft bearbeitet und zwar sowohl auf bilateraler wie multilateraler Ebene; dazu gehören auch Fragen der Hochschulkooperation und des internationalen Studentenaustausches sowie die europäische Zusammenarbeit in der Wissenschaftspolitik und den Hochschulangelegenheiten.

029
20 Bundesministerium für Forschung und Technologie

21	BMFT
23	Heinemannstr. 2, 5300 Bonn 2
24	02221/5 91
31	Bundesminister Dr. Volker Hauff
40	Der Geschäftsbereich des Ministeriums umfaßt im Rahmen der Zuständigkeit des Bundes folgende Aufgaben: Forschungsförderung, Forschungsplanung und -koordinierung, Förderung der technologischen Forschung, der Meeresforschung, der Nachrichtentechnik, der

Datenverarbeitung, der Information und Dokumentation, der Kernforschung und Kerntechnik für friedliche Zwecke, der Reaktorsicherheitsforschung, der Weltraumforschung und -technik, der Luftfahrtforschung.

41 Für das Ausland von Bedeutung ist die vom Ministerium geförderte internationale wissenschaftliche Zusammenarbeit besonders auf den Gebieten der Energie, der Rohstoff- und Fertigungstechnik, der Biologie, der Ökologie und Medizin, der Datenverarbeitung und Elektronik, der Weltraum- und Transportsysteme. Für die internationale Kooperation ist die Abteilung 2 federführend; sie ist auch für die gemeinsamen europäischen Forschungseinrichtungen zuständig.

030
20 **Bundesministerium für wirtschaftliche Zusammenarbeit**

21 BMZ

23 Karl-Marx-Str. 4-6, 5300 Bonn 1

24 02221/53 51

31 Bundesminister Rainer Offergeld

40 Das Bundesministerium nimmt die Aufgaben wahr, die sich für den Bund auf dem Gebiet der bilateralen und multilateralen Entwicklungspolitik ergeben.
Die Bundesminister des Auswärtigen, der Finanzen und für Wirtschaft wirken im Rahmen ihrer Zuständigkeit mit, soweit Fragen der Außenpolitik, der Haushaltsplanung und der Außenwirtschaft berührt sind. Weitere Fachministerien werden im Einzelfall im Rahmen ihrer Zuständigkeit beteiligt.
Besondere Bedeutung hat die wissenschaftliche Mitwirkung von Bundesforschungsanstalten sowie des Statistischen Bundesamtes.
Das Ministerium hat mit der Durchführung der finanziellen Zusammenarbeit die Kreditanstalt für Wiederaufbau, der Technischen Zusammenarbeit die Deutsche Gesellschaft für Technische Zusammenarbeit, mit der Förderung der Privatinvestitionen die Deutsche Gesellschaft für wirtschaftliche Zusammenarbeit beauftragt.
Für die Entwicklungshelfer-Programme ist der Deutsche Entwicklungsdienst, für die Aus- und Fortbildungsprogramme die Carl Duisberg-Gesellschaft und die Deutsche Stiftung für internationale Entwicklung - in Zusammenwirken mit der Zentralstelle für Arbeitsvermittlung - im Auftrag des Ministeriums zuständig.
Weitere private gemeinnützige und privatwirtschaftliche Träger nehmen ebenfalls Aufgaben der Entwicklungszusammenarbeit wahr.
Seine Aufgaben erfüllt das Ministerium durch seine allgemeine Verwaltung und drei Fachabteilungen:

1. Regionale Entwicklungspolitik, Projekte und Programme der bilateralen Zusammenarbeit, Integration aller entwicklungspolitischen Maßnahmen
2. Ziele der Entwicklungspolitik, Multilaterale Institutionen, Internationale Zusammenarbeit in der Entwicklungspolitik, Wirtschaftsfragen der Entwicklungspolitik
3. Sektorale Fragen der Entwicklungspolitik; Zusammenarbeit mit öffentlichen und privaten Institutionen der Bundesrepublik Deutschland

031
20 Bundespräsident
Bundespräsidialamt

23 Bundespräsident Prof. Dr. Karl Carstens, Adenauerallee 135, 5300 Bonn 1
Bundespräsidialamt: Kaiser-Friedrich-Str. 16-18, 5300 Bonn 1

24 Bundespräsident: 02221/20 01
Bundespräsidialamt: 02221/20 01

31 Bundespräsident Prof. Dr. Karl Carstens

40 Der Präsident der Bundesrepublik Deutschland vertritt als Staatsoberhaupt die Bundesrepublik Deutschland völkerrechtlich; er schließt in ihrem Namen Verträge mit ausländischen Staaten und beglaubigt und empfängt die Botschafter.
Er fertigt die nach den Vorschriften des Grundgesetzes zustande gekommenen Gesetze aus und verkündet sie.
Dem Bundespräsidenten steht zur Durchführung seiner vielseitigen Aufgaben das Bundespräsidialamt zur Verfügung, das von einem Staatssekretär geleitet wird.
Für internationale Fragen ist die Abteilung II zuständig.

032
20 Bundesverwaltungsamt - Amt für Migration

21 BVA

23 Habsburgerring 9, 5000 Köln 1

24 0221/20 05-1   8 883 531 bva d

26 1959

31 Dr. Bert Even (Präsident)
Ltd. Reg.-Dir. H. Hüer

35	12
40	Sammlung und Auswertung von Informationen im Bereich Wanderungswesen zur Herausgabe von „Ländermerkblättern" über Lebensformen und -bedingungen in anderen Ländern, speziell auch Entwicklungsländern; Überwachung des Auswanderungsschutzgesetzes
53	Archiv: Länderdokumentationen (130 Länder)
54	Informationserteilung gegen Kostenerstattung
55	Ländermerkblätter - für 130 Länder; Verzeichnis der in der Bundesrepublik Deutschland ansässigen Beratungsstellen

033
20	**Bundesverwaltungsamt - Zentralstelle für das Auslandsschulwesen**
21	ZfA
23	Habsburgerring 9, 5000 Köln 1
24	0221/20 05-1 8 883 531 bva d
31	Bernhard Becker (Abteilungspräsident) Referat 1: Allgemeine Rechts- und Verwaltungsangelegenheiten: RR z. A. Bernd Zander Referat 2: Finanzielle Betreuung der Auslandslehrer : Karl Neumann Referat 3/4: Grundsatzfragen: Reg.-Schuldir. Ulrich Diekert Referat 5: Lehrmittelberatung und -beschaffung: Reg.-Schuldir. Karl-Heinz Meyer Referat 6: Didaktik, Deutsch als Fremdsprache an Auslandsschulen: Reg.-Schuldir. Walter Schmidt Referat 7: Lehrervermittlung: Ltd. Reg. Schuldir. Dr. Ernst Vix
35	61
40	Finanzielle, personelle und materielle Förderung deutscher Auslandsschulen; Pädagogische Betreuung dieser Schulen; Förderung des Deutschunterrichts im Ausland (Schulbereich)
54	Informationserteilung
55	Verzeichnis der Lernprogramme; G. Gilich: Lernprogramme im Selbstunterricht
56	Auslandsschulverzeichnis

034
- 20 Carl Duisberg-Gesellschaft e. V.
- 21 CDG
- 23 Hohenstaufenring 30-32, 5000 Köln 1
- 24 0221/20 98-1   8 881 762
- 26 1949
- 31 Geschäftsführer: Dr. Rudolf Schuster; Klaus Rachwalsky
Abteilung I Allgemeine Verwaltung: Dr. E. Seybold
Abteilung II Industrieländer und Multilaterale Organisationen: Dipl.-Volksw. L. Harbusch
Abteilung III Entwicklungsländer: F. G. Rondé
Abteilung IV Nationale und internationale Zusammenarbeit mit der deutschen Wirtschaft, CDG-Außenorganisationen, Öffentlichkeitsarbeit: Dipl.-Kfm. H. Pakleppa
Fortbildungszentrum München für Wirtschafts- und Sozialstatistiker aus Entwicklungsländern, Pfälzer-Wald-Str. 2, 8000 München 90:
Dr. Paul Osinski
- 35 Inland: 216, Ausland: 1
- 40 Planung und Durchführung von Fortbildungsprogrammen für Fach- und Führungskräfte aus Entwicklungs- und Industrieländern im In- und Ausland;
Vermittlung von Fortbildungsaufenthalten für junge Deutsche im Ausland;
Durchführung von Veranstaltungen zum Erfahrungsaustausch über Probleme der internationalen Entwicklung
- 54 Informationserteilung
- 55 Jahresbericht; Duisberg-Hefte, unregelmäßig;
„Echo aus Deutschland", 4-mal jährlich;
Prospekt- und Informationsmaterial

035
- 20 Carolus-Magnus-Kreis - Vereinigung ehemaliger Lektoren, Assistenten und Studenten in Frankreich e. V.
- 21 CMK
- 23 Asperger Str. 38, 7140 Ludwigsburg
- 24 07141/2 48 49
- 26 1954

31	Vorstand: Dr. Brigitte Albrecht; Manfred Friedrich; Helga Martienssen; Doris Klein
35	Alle Mitarbeiter arbeiten ehrenamtlich und sind zahlenmäßig nicht zu erfassen Mitgliederzahl: ca. 500
40	Deutsch-französische Studienseminare; deutsch-französischer Schüleraustausch; vergleichende Landeskunde; Betreuung der französischen Fremdsprachenassistenten in der Bundesrepublik Deutschland (und umgekehrt) durch Kontaktvermittlung; Materialversorgung
54	Informationserteilung kostenlos; Fotokopien gegen Gebühr
56	Nur über den CMK zu beziehen: „Französischer Fremdsprachenassistent in der BR Deutschland"

036
20 Cusanuswerk - Bischöfliche Studienförderung

23	Annabergerstr. 283 5300 Bonn 2
24	02221/37 80 37
26	1956
31	Prof. Dr. Karl Delahaye (Leiter) Dr. Karl-Wilhelm Merks (Geschäftsführer)
40	Ideelle und materielle Föderung besonders begabter katholischer deutscher Studenten aller Fachrichtungen an den wissenschaftlichen Hochschulen der Bundesrepublik Deutschland; Jahresstipendien zum Studium an ausländischen Hochschulen für Studierende und Graduierte; Promotionsstipendien

037
20 Das Experiment e. V. - Vereinigung für praktisches Zusammenleben der Völker

23	Ostertorstr. 15, 4990 Lübbecke 1
24	05741/52 80
26	1932
31	Dipl.-Math. Manfred Glocke (Vorsitzender) Ursula Bartocha (Geschäftsführerin)
32	Deutsche Sektion des „Experiment in International Living"
35	100 (ehrenamtlich) Büro: 3 (hauptamtlich)

40	Vermittlung deutscher Schüler, Studenten und Berufstätiger in Familien des Auslands, einschließlich Studienprogramme; Betreuung ausländischer Studenten (vorwiegend aus Entwicklungsländern) durch Vermittlung in deutsche Familien, wodurch die für das Studium an deutschen Hochschulen notwendigen Sprachkenntnisse verbessert, Anpassungsschwierigkeiten überwunden und Kontakte gefunden werden
52	Literaturdokumentation; Datendokumentation
53	Archiv: Presse
54	Informationserteilung kostenlos
55	Einführungsschrift; regelmäßige Mitteilungsblätter; Programmheft; Broschüre „Offene Herzen - Offene Türen"

038

20	**Deutsch-Französisches Institut Ludwigsburg**
21	DFI
23	Asperger Str. 34-38, 7140 Ludwigsburg
24	07141/2 48 49
26	1948
31	Dr. Robert Picht (Geschäftsführer)
33	Büro in Paris (über die Anschrift in Ludwigsburg zu erreichen)
35	Inland: 12, Ausland: 2
40	Forschung im Bereich deutsch-französische Beziehungen; Organisation deutsch-französischer Studienseminare und Konferenzen
50	1./2./3. Vergleichende Länderkunde Deutschland/Frankreich in den Bereichen Wirtschaft, Politik, Sozialwissenschaften, Bildungswesen
51	ca. 5.000
52	Literaturdokumentation
53	Archiv: Presse
54	Informationserteilung und Abgabe von Fotokopien gegen Kostenerstattung
56	„Perspektiven der Frankreichkunde"; „Frankreichstudien I - kommentierte Bibliographie"; „Frankreichstudien II - interdisziplinäre Fallstudien zur politischen, wirtschaftlichen und gesellschaftlichen Entwicklung Frankreichs" (in Vorbereitung); „Deutschland - Frankreich - Europa: Bilanz einer schwierigen Partnerschaft"

039

20 Deutsch-Französisches Jugendwerk
21 DFJW
   OFAJ
22 Office franco-allemand pour la Jeunesse
23 Rhöndorfer Str. 23, 5340 Bad Honnef 1
24 02224/1 31   8 85 242 dfjw d
26 1963
31 Reinhard Wilke (Generalsekretär)
   Bernhard Lallement (Stellvertretender Generalsekretär)
33 Office franco-allemand pour la Jeunesse, 6 rue Casimir Delavigne, F-75006 Paris/Frankreich
35 Bundesrepublik: 62, Frankreich: 6
40 Begegnung und Austausch von Schülern, Studenten und berufstätigen Jugendlichen; Austausch im beruflichen und technologischen Bereich; Gruppenfahrten, Jugend- und Jugendsportveranstaltungen; Kinder-, Jugend- und Familienerholung; Austausch und Ausbildung von Fachkräften und Mitarbeitern der Jugendarbeit und des Jugendsports, gemeinsames Training für Jugendsportler; Vertiefung der gegenseitigen Kenntnis der beiden Länder durch Öffentlichkeitsarbeit, Bildungsreisen, Studienaufenthalte, Seminare, musische Veranstaltungen, Tagungen der leitenden Persönlichkeiten der Jugendarbeit; Ausbau außerschulischer Einrichtungen zur Förderung der gegenseitigen Sprachkenntnisse; Untersuchungen und wissenschaftliche Forschungsarbeiten über Jugendfragen
50 1./2./3. Länderkunde Deutschland-Frankreich; Jugendarbeit, Jugendhilfe, internationale Jugendarbeit; Schulwesen in Frankreich und Bundesrepublik Deutschland; deutsch-französische Beziehungen; Europa; Linguistik
51 4.000
52 Literaturdokumentation; Datendokumentation
53 Archiv: Presse
54 Informationserteilung und Buchausleihe; Abgabe von Fotokopien gegen Kostenerstattung
55 „Rapports et Documents - Berichte und Materialien", u. B.: Zur Situation der Frau in der Bundesrepublik Deutschland und in Frankreich, Französisch im Elementarbereich, Schulpartnerschaft Mannheim/Toulon, Jugendorganisationen in Frankreich, Die 15-24jährigen und der deutsch-französische Austausch

040

- 20 Deutsche Forschungs- und Versuchsanstalt für Luft- und Raumfahrt e.V.
- 21 DFVLR
- 23 Linder Höhe, Postfach 90 60 58, 5000 Köln 90
- 24 02203/60 11   08 874 410
- 26 1969
- 31 Prof. Dr. H. L. Jordan (Vorsitzender)
  Dr. W. Hasenclever (Stellv. Vorsitzender)
- 32 Arbeitsgemeinschaft der Großforschungseinrichtungen (AGF), Bonn
- 33 8031 Oberpfaffenhofen
  3300 Braunschweig-Flughafen
  Bunsenstr. 10, 3400 Göttingen
  Pfaffenwaldring 38-40, 7000 Stuttgart 80
- 35 3.369
- 40 Forschung im Bereich Luft- und Raumfahrt mit den Schwerpunkten: Verkehrs- und Kommunikationssysteme, Luftfahrzeuge, Raumflugtechnik, Erkundigungstechnik, Energie- und Antriebstechnik;
  Errichtung und Betrieb von Großversuchsanlagen;
  Fortbildung wissenschaftlicher Nachwuchskräfte;
  Beratung der Bundesregierung in diesem Bereich
- 41 Forschung in den Bereichen Satellitenkommunikation, Fernerkundung, Nutzung von Sonnen- und Windenergie
- 54 Informationserteilung gegen Kostenerstattung
- 55 DFVLR-Nachrichten
- 56 DLR-Berichte

041

- 20 Deutsche Forschungsgemeinschaft
- 21 DFG
- 23 Kennedyallee 40, 5300 Bonn 2
- 24 02221/8 71
- 31 Prof. Dr. Heinz Maier-Leibnitz; Prof. Dr. Eugen Seibold (ab 1.1.1980) (Präsident)
  Dr. Carl Heinz Schiel (Generalsekretär)
- 35 470

40	Finanzielle Förderung und Koordinierung der Forschung; Beratung von Parlamenten und Regierungen; Vertretung der deutschen Wissenschaft auf internationaler Ebene; Unterstützung der wissenschaftlichen Beziehungen zum Ausland; Förderung des wissenschaftlichen Nachwuchses, u.a. durch Stipendien.
55	Jahresbericht, Zeitschriften "forschung" und "german research" (internationale englischsprachige Ausgabe), Pressemitteilungen, Informationen für die Wissenschaft, Aufbau und Aufgaben
56	Forschungsberichte, Denkschriften, Mitteilungen der Kommissionen

042
Deutsche Gesellschaft für Amerikastudien e.V.

21	DGfA
23	Institut für Englische Philologie der Universität Würzburg, Am Hubland, 8700 Würzburg
24	0931/88 86 56
26	1953
31	Prof. Dr. Gerhard Hoffmann (1. Vorsitzender) Prof. Dr. Hans Bungert (2. Vorsitzender) Prof. Dr. Günter Moltmann (Schatzmeister)
32	European Association for American Studies
35	Inland: 1
40	Förderung der Amerikastudien in Deutschland auf wissenschaftlicher Basis und Vertiefung der kulturellen Beziehungen zwischen der Bundesrepublik Deutschland und den Vereinigten Staaten

043
Deutsche Gesellschaft für Auswärtige Politik e. V.

23	Postfach 14 25, Adenauerallee 133, 5300 Bonn 1
24	02221/21 70 21
26	1955
31	Dr. Dr. h. c. Kurt Birrenbach (Präsident) Dr. Gebhardt von Walther (Geschäftsführender stellvertretender Präsident)
40	Erörterung der Probleme der internationalen, besonders der europäischen Politik und Wirtschaft sowie die Förderung ihrer wissenschaftlichen Untersuchung und die Sammlung der Dokumentation über diese Forschungsfragen; Anregung und Vertiefung des Verständnisses für internationale Fragen

50	1./2./3. Internationale Beziehungen, insbesondere europäische Politik und Wirtschaft
51	ca. 30.000
52	Literaturdokumentation
53	Archiv: Presse
54	Informationserteilung und Buchausleihe; Abgabe von Fotokopien gegen Kostenerstattung
55	Jahresbericht
56	Publikationsverzeichnis erhältlich

044

20	**Deutsche Gesellschaft für die Vereinten Nationen e.V.**
21	DGVN
23	Simrockstr. 23, 5300 Bonn 1
24	02221/21 36 46
26	1952
31	Joachim Krause (Generalsekretär) Dr. Volker Weyel (stellv. Generalsekretär und Chefredakteur der Zeitschrift VEREINTE NATIONEN)
32	World Federation of United Nations Associations (WFUNA), New York/USA
36	6
40	Informations- und Öffentlichkeitsarbeit über die Vereinten Nationen und ihre Sonderorganisationen
50	3. UN-Dokumente (hauptsächlich Generalversammlung und Sicherheitsrat)
53	Archiv: Presse
54	Informationserteilung; Abgabe von Fotokopien gegen Kostenerstattung
55	Zeitschrift „Vereinte Nationen" u. a. m.
56	UN-Texte 20 „Die Vereinten Nationen und Südrhodesien", DM 2,50; UN-Texte 21 „Die Neue Wirtschaftsordnung in der Diskussion", DM 3,50; UN-Texte 22 „Die BRD im Sicherheitsrat der Vereinten Nationen", DM 3,50

	045
20	Deutsche Gesellschaft für Ost- und Südostasienkunde e.V.
23	Rothenbaumchaussee 32, 2000 Hamburg 13
24	040/44 58 91
26	1967
31	Prof. Dr. Wolfgang Franke, Hamburg (1. Vorsitzender); Prof. Dr. Wolfgang Bauer, München (Geschäftsführendes Vorstandsmitglied); Herbert Kaminski, Hamburg (Geschäftsführer)
35	2
40	Förderung des Studiums über Ostasien durch Vergabe von Stipendien, Veranstaltung von Tagungen, Vorträgen und Ausstellungen zur Information interessierter Kreise im In- und Ausland über den ostasiatischen Raum; Durchführung von Sprachintensivkursen für Chinesisch und Japanisch; Förderung des Ausbaus der Lehrstühle für Ostasienkunde an den Universitäten; Unterstützung der Bestrebungen, die Interessen an dieser geographischen Region in folgenden Bereichen zu intensivieren: Schulausbildung, Berufsausbildung und Erwachsenenbildung
54	Informationserteilung
55	Mitteilungen der Koordinierungsstelle für gegenwartsbezogene Ostasienforschung (nur für die Mitglieder der Gesellschaft)
56	China in the Seventies. International China Conference, Reisensburg Wiesbaden: Verlag Otto Harrassowitz

	046
20	Deutsche Gesellschaft für Osteuropakunde
21	DGO
23	Schaperstr. 30, 1000 Berlin 15
24	030/24 41 72
26	1913
31	Otto Wolff von Amerongen (Präsident) Dr. Ernst von Eicke (Hauptgeschäftsführer)

33 Leonhardsplatz 28, 7000 Stuttgart

35 6

40 Publikation von Zeitschriften über politische, wirtschaftliche und kulturelle Fragen in Ost- und Südosteuropa; Veranstaltung von Fachtagungen und Vorträgen im gesamten Bundesgebiet unter Beteiligung von in- und ausländischen Experten; Veranstaltung von Studienreisen in die Länder Ost- und Südosteuropas

50 1. Osteuropa und die kommunistische Weltbewegung

51 5.000

54 Informationserteilung und Buchausleihe gegen Gebühr

047
20 **Deutsche Gesellschaft für Technische Zusammenarbeit (GTZ) GmbH**

21 GTZ

23 Dag-Hammarskjöld-Weg 1, 6236 Eschborn 1

24 06196/40 1-1   4 17 405 gtz d

26 1975, hervorgegangen aus der Bundesstelle für Entwicklungshilfe (BfE) und der Deutschen Förderungsgesellschaft für Entwicklungsländer (GAWI)

31 Geschäftsführer:
    Dr. Hansjörg Elshorst; Dr. Hartmut Hoeppel; Dipl.-Ing. Hans Peter Merz

35 Inland: 610, Ausland: 1.100

40 Die GTZ unterstützt die Bundesregierung bei der Verwirklichung ihrer entwicklungspolitischen Ziele. Nach Maßgabe eines Generalvertrages beauftragt das Bundesministerium für wirtschaftliche Zusammenarbeit als zuständiges Ressort die GTZ mit Aufgaben der Technischen Zusammenarbeit mit Partnern in Entwicklungsländern. Mit Zustimmung des BMZ übernimmt die GTZ auch Aufträge von Dritten (technische Zusammenarbeit gegen Entgelt).
    Tätigkeiten im einzelnen:
    Fachliche Planung, Steuerung und Überwachung von Maßnahmen (Projekten, Programmen) entsprechend den Aufträgen der Bundesregierung oder anderer Stellen;
    Beratung anderer Träger von Entwicklungsmaßnahmen;

Erbringung von Personalleistungen (Suche, Auswahl, Vorbereitung, Entsendung von Fachkräften, persönliche Betreuung und fachliche Steuerung durch die Zentrale);
Erbringung von Sachleistungen (technische Planung, Auswahl, Beschaffung und Bereitstellung von Sachausrüstung);
Abwicklung finanzieller Verpflichtungen gegenüber Partnern in Entwicklungsländern;
Weiterentwicklung von Grundsätzen und Instrumenten der Entwicklungspolitik, insbesondere der Technischen Zusammenarbeit;
Vorbereitung der Maßnahmen der Technischen Zusammenarbeit;
Beschaffung und Aufbereitung von Informationen, Datenerfassung, Statistik und Dokumentation

GATE - German Appropriate Technology Exchange (Zentrum für Entwicklungstechnologie);
Durchführung von technologischen Forschungs- und Entwicklungsprojekten, Grundsatzerhebungen und Querschnittsanalysen zum Technologiebedarf der Dritten Welt;
Frage- und Antwortdienst, Austausch von Informationen bedarfsgerechter Technologien

50	1. Technische Zusammenarbeit
51	6.000; 350 Fachzeitschriften
52	Literaturdokumentation
53	Archiv: Bildträger, Tonträger
54	Informationserteilung
55	GTZ-Sonderpublikationen
56	GTZ-Schriftenreihe (nur über TZ-Verlagsgesellschaft mbH, Bruchwiesenweg 19, 6101 Roßdorf); Zeitschrift „Entwicklung und ländlicher Raum" (in Zusammenarbeit mit DSE und DLG), 6-mal jährlich. Frankfurt: DLG-Verlag

048

20	**Deutsche Ibero-Amerika Stiftung**
21	DIASt
23	Alsterglacis 8, 2000 Hamburg 36
24	040/41 20 11
26	1953
31	Dr. Hans Jürgen Paetz (Geschäftsführer)

35	3
40	Förderung der Pflege der Beziehungen zwischen der Bundesrepublik Deutschland und den Ländern der iberischen Halbinsel und Lateinamerikas, vorwiegend in den Bereichen Kunst und Wissenschaft; Finanzielle Unterstützung von Auslandsaufenthalten deutscher und lateinamerikanischer Wissenschaftler

049
20 Deutsche Morgenländische Gesellschaft e. V.

21	DMG
23	Postfach 1407, 1000 Berlin 30
24	030/2 66-24 90
26	1845
31	Prof. Dr. H. R. Roemer (1. Vorsitzender) Prof. Dr. Lothar Ledderose (2. Vorsitzender) Dr. Dieter George (1. Geschäftsführer)
33	Beirut, Kathmandu (Beirut: Orient-Institut der DMG, B.P. 2988; Kathmandu: Nepal Research Center, P.O.B. 180)
35	Inland: 19, Ausland: 21
40	Wissenschaftliche Vereinigung deutscher Orientalisten; Verbreitung der Kenntnisse des Morgenlandes
56	„Zeitschrift der Deutschen Morgenländischen Gesellschaft"; „Abhandlungen für die Kunde des Morgenlandes"; „Bibliotheca Islamica"; „Beiruter Texte und Studien"; „Verzeichnis der orientalischen Handschriften in Deutschland"; "Nepal Research Center Publications"

050
20 Deutsche Stiftung für internationale Entwicklung

21	DSE
23	UCC-Haus, Budapester Str. 1, 1000 Berlin 30 Vertretung Bonn der DSE Simrockstr. 1, 5300 Bonn 1 Tel. 02221/21 30 41-46, FS 8 86 710 Leiter: Manfred Wodrich (Stellvertreter der Kuratoren) Abteilungen: Verwaltung UCC-Haus, Budapester Str. 1, 1000 Berlin 30 Tel. 030/2 60 61, FS 1 81 615 Leiter: Hermann Thederan

Zentralstelle für Erziehung, Wissenschaft und Dokumentation
Endenicher Str. 41, 5300 Bonn 1
Tel. 02221/63 18 81, FS 8 86 710
Leiter: Dr. Dieter Danckwortt

Unterabteilung Erziehung und Wissenschaft
Simrockstr. 1, 5300 Bonn 1
Tel. 02221/21 30 41-46, FS 8 86 710
Leiter: Dr. Wolfgang Gmelin

Unterabteilung Zentrale Dokumentation
Endenicher Str. 41, 5300 Bonn 1
Tel. 02221/63 18 81, FS 8 86 710
Leiter: Ernst-Joachim Frhr. von Ledebur

Zentralstelle für Wirtschafts- und Sozialentwicklung
Villa Borsig, 1000 Berlin 27
030/43 07-1, FS 1 81 615
Leiter: Herta Vomstein

Zentralstelle für Auslandskunde
Lohfelder Str. 160, 5340 Bad Honnef
Tel. 02224/20 33-37, FS 8 86 710
Leiter: Dr. Günther Oldenbruch

Zentralstelle für öffentliche Verwaltung
UCC-Haus, Budapester Str. 1, 1000 Berlin 30
Tel. 030/2 60 61, FS 1 81 615
Leiter: Joachim Krell

Zentralstelle für gewerbliche Berufsförderung
Käthe-Kollwitz-Str. 15, 6800 Mannheim 1
Tel. 0621/33 30 81-83, FS 4 63 312
Leiter: Herbert Burk

Zentralstelle für Ernährung und Landwirtschaft
Wielinger Str. 52, 8133 Feldafing/Obb.
Tel. 08157/20 81-83, FS 5 26 436
Leiter: Dr. Erhard Krüsken

24	030/2 60 61	1 81 615
26	1959	
31	Präsident des Kuratoriums: Reinhard Bühling, MdB Kuratoren: Brigitte Freyh; Dr. Gerhard Fritz	
35	Inland: 376, Ausland: 2	
40	Weiterbildung (Fortbildung/Training) von Fach- und Führungskräften aus Entwicklungsländern in der Bundesrepublik Deutschland und im Ausland durch Fortbildungsprogramme und Kurse in verschiedenen Fachbereichen;	

Erfahrungsaustausch für Fach- und Führungskräfte aus
Entwicklungsländern sowie aus Industrieländern in internationalen
Tagungen, Seminaren und anderen Veranstaltungen;
Sozio-kulturelle und fachliche Vorbereitung deutscher Fachkräfte für
ihren Einsatz im Ausland;
Konzeptionelle und andere deutsche Tagungen im Rahmen der
Entwicklungshilfe und Entwicklungspolitik
Dokumentation und Veröffentlichungen

50 Fachbibliotheken bei den einzelnen Abteilungen;
Bibliothek der Zentralen Dokumentation: Entwicklungspolitik

51 Zentrale Dokumentation: 14.000

52 Literaturdokumentation; Datendokumentation

53 Archiv: Presse

55 Zeitschriften:
E+Z. Entwicklung und Zusammenarbeit, monatlich;
D+C. Development and Cooperation, 5-mal jährlich;
D+C. Développement et Coopération, 4-mal jährlich;
D+C. Desarrollo y Cooperación, 4-mal jährlich. (Diese Zeitschriften
können von der Vertretung Bonn der DSE bezogen werden);
Jahresbericht; Verzeichnis der Veröffentlichungen der DSE; Deutsche
Partner der Entwicklungsländer. Anschriftenverzeichnis - zu beziehen von
der Zentralen Dokumentation der DSE

56 Entwicklungsländer-Studien. Bibliographie der deutschen
Entwicklungsländer-Forschung, jährlich (bisher 14 Bände);
Kalender. Seminare, Kurse und Konferenzen im Bereich der
Entwicklungspolitik im In- und Ausland, 4-mal jährlich.
Diese Publikationen können von der Zentralen Dokumentation der DSE
bezogen werden;
Zeitschrift „Entwicklung und ländlicher Raum" (in Zusammenarbeit mit
DLG und GTZ), 6-mal jährlich. Frankfurt: DLG-Verlag;
Tagungsberichte (Näheres s. Verzeichnis der Veröffentlichungen der DSE)

051

20 Deutsche UNESCO-Kommission

21 DUK

23 Colmantstr. 15, 5300 Bonn 1

24 02221/63 15 91   8 86 326 duk d

26 1951

31 Dr. Hans Meinel (Generalsekretär)

35 11

40	Beratung der Bundesregierung und der übrigen zuständigen Stellen in der Bundesrepublik Deutschland in UNESCO-Angelegenheiten; verantwortliche Mitarbeit an der Ausführung des Programms der UNESCO in der Bundesrepublik; Förderung des Interesses für internationale Zusammenarbeit in der Bevölkerung und Anregung zur Mitarbeit deutscher kultureller Organisationen und Institutionen; Einwirkung auf die öffentliche Meinung, die Erziehung und die Gesetzgebung im Sinne der UNESCO; Koordinierungs-, Verbindungs- und Beratungsstelle in allen UNESCO-Angelegenheiten; aktive Beteiligung am Beitrag der Bundesrepublik zu Konferenzen und Expertentreffen der UNESCO; Vermittlung deutscher Fachleute für das Sekretariat der UNESCO und ihrer Außenstellen; Bearbeitung bzw. Vermittlung von Studien, Gutachten und Dokumenten für die UNESCO; Veranstaltung von Fachtagungen und Ausstellungen; Bemühungen um weitreichende und wirkungsvolle Informations- und Öffentlichkeitsarbeit
50	1. Publikationen der UNESCO und der Deutschen UNESCO-Kommission
54	Informationserteilung; Abgabe von Fotokopien gegen Kostenerstattung
55	UNESCO-Dienst, monatlich; UNESCO AKTUELL, nach Bedarf
56	Seminar- und Konferenzberichte; Verlagspublikationen im Auftrag der Deutschen UNESCO-Kommission

052
20 Deutscher Akademischer Austauschdienst

21	DAAD
22	German Academic Exchange Service Office Allemand d'Échanges Unversitaires
23	Kennedyallee 50, 5300 Bonn 2
24	02221/88 21　　　　　　　　　　　　　　daad bgo 8 85 515
26	1925; Wiederbegründung 1950
31	Prof. Hansgerd Schulte (Präsident) Dr. Hubertus Scheibe; Dr. Karl Roeloffs (ab 1.1.1980) (Generalsekretär)
33	Büro Berlin: Steinplatz 2, 1000 Berlin 12 Tel. 030/31 04 61, Telex 1 84 766

Büro London/Vereinigtes Königreich:
11-15 Arlington Street, London SW1A 1RD
Tel. 01/4 93 06 14, Telex 0051-24 833
Büro Paris/Frankreich
15, rue de Verneuil, F-75007 Paris
Tel. 2 61 58 57
(Abteilung Information: 20, rue de Verneuil)
Maison Heinrich Heine, Fondation Allemande
27 c, Bd. Jourdan, F-75014 Paris
Tel. 5 89-68 51/5 89-53 93
Büro New York/USA:
535, Fifth Avenue, Apt. 1107, New York, N.Y. 10017
Tel. 212-599 0464, Telex 6 67 691 DAAD NY
Büro Kairo/Ägypten:
6a, Sharia Ismail Mohamed, Cairo-Zamalek
Tel. 80 27 57, Telex 9 25 05
Büro New Delhi/Indien:
176, Golf Links, New Delhi 110003
Tel. 61 51 48
Büro Rio de Janeiro/Brasilien:
Caixa Postal 64-ZC-00, 22.291 Rio de Janeiro-RJ
Tel. 2 85 23 33, Telex 0038-2122 579
Büro Nairobi/Kenia:
P.O.Box 25275, Nairobi
Tel. 2 49 74
Büro Tokio/Japan:
Im deutschen Kulturzentrum (OAG-Haus), Akasaka 7-5-56, Minato-ku,
Tokio 107
Tel. 5 82 59 62

35 Inland: 160, Ausland: 30

40 Förderung der Aus- und Fortbildung sowie der Forschung im
Hochschulbereich durch Vergabe von Stipendien an ausländische und
deutsche Studenten, Graduierte und Praktikanten, durch den Austausch
von Hochschullehrern sowie durch Einladung von jüngeren
Wissenschaftlern zu Studienaufenthalten;
Vermittlung deutscher wissenschaftlicher Lehrkräfte aller Fachrichtungen
(einschließlich Lektoren der deutschen Sprache) zu einer Lang- oder
Kurzzeit-Dozentur an ausländischen Hochschulen;
Förderung der wechselseitigen Information zwischen der Bundesrepublik
Deutschland und dem Ausland durch Dokumentation, Publikationen
sowie Einzelbeantwortung von Anfragen zu den Hochschulsystemen und
den Studienmöglichkeiten im In- und Ausland einerseits, durch
Informationsaufenthalte deutscher und ausländischer Wissenschaftler und
Studentengruppen sowie Persönlichkeiten aus dem Hochschul- und
Wissenschaftsbereich andererseits;
Behandlung von Grundsatzfragen der akademischen Mobilität im
allgemeinen und des Ausländer- und Auslandsstudiums zwischen der

Bundesrepublik Deutschland und ihren Partnerländern im besonderen; Berliner Künstlerprogramm des DAAD: Einladungen an Künstler des Auslandes aus den Bereichen Bildende Kunst, Literatur und Musik (Komponisten), 12 Monate in Berlin zu verbringen; Veranstaltung von Ausstellungen, Konzerten, Lesungen etc.

50   2. In- und ausländisches Hochschulwesen (akademische Mobilität, Studien-, Lehr- und Forschungsmöglichkeiten im In- und Ausland)

51   300

52   Literaturdokumentation; Datendokumentation

53   Archiv: Presse

54   Informationserteilung; Abgabe von Fotokopien

55   Jahresberichte (Kurzfassungen in deutscher, englischer, französischer und spanischer Sprache);
DAAD-Auslandsstipendienführer für deutsche Studenten und jüngere Wissenschaftler (jeweils im April neu);
Länder- und Fachstudienführer für verschiedene Länder Europas und Nordamerikas;
Ferien- und Sprachkursverzeichnisse (jeweils im April neu);
Studium in der Bundesrepublik Deutschland (Merkblatt für Ausländer in 10 Sprachen);
Der ausländische Student in der Bundesrepublik Deutschland (in 6 Sprachen);
Dokumentation Deutsch als Fremdsprache;
Science in the Federal Republic of Germany - Organization and Promotion (4.Aufl. 1978);
Reihe „DAAD-Forum - Studien, Berichte, Materialien" (bislang 12 Bde.)

56   Deutschlandstudien I (2. Auflage 1978);

053

20   **Deutscher Bundestag**

23   Bundeshaus, Görresstr. 15, 5300 Bonn 1

24   02221/16-1

31   Dr. Richard Stücklen (Bundestagspräsident)

40   Der Deutsche Bundestag ist das aus freien und allgemeinen Wahlen hervorgegangene Parlament der Bundesrepublik Deutschland. In der gegenwärtigen 8. Legislaturperiode gehören ihm 518 Abgeordnete aus drei Fraktionen (CDU/CSU, SPD, FDP) an.

Der Bundestag hat 19 ständige Ausschüsse eingesetzt. Für Fragen der internationalen Beziehungen ist der Auswärtige Ausschuß zuständig, für entwicklungspolitische Fragen der Ausschuß für wirtschaftliche Zusammenarbeit.

Der Deutsche Bundestag entsendet derzeit 35 gewählte Mitglieder in das Europäische Parlament. 18 Mitglieder und 18 stellvertretende Mitglieder gehören der Parlamentarischen Versammlung des Europarates und der Versammlung der Westeuropäischen Union an. Auch in die Nordatlantische Versammlung und zu den Sitzungen der Interparlamentarischen Union entsendet der Deutsche Bundestag Delegationen.

Im 8. Deutschen Bundestag bestehen über 20 „Parlamentariergruppen" - Vereinigungen von Mitgliedern des Bundestags -, die sich besonders der Beziehung zu Parlamenten der Partnerländer annehmen.

Außerdem gibt es zwischen dem Deutschen Bundestag und ausländischen Parlamenten und Institutionen zunehmend direkte Kontakte, sei es durch offizielle Besuche, sei es durch Informationsaufenthalte von Ausschußdelegationen oder einzelnen Abgeordneten.

054

20 **Deutscher Entwicklungsdienst**

21 DED

23 Kladower Damm 299-325, 1000 Berlin 22

24 030/3 65 91

26 1963

31 Herbert Zahn (Geschäftsführer)

33 Ostafrika:
P.O.B. 2725; Addis Abeba/Äthiopien
P.O.B. 202, Gaborone/Botswana
P.O.B. 47136, Nairobi/Kenia
P.O.B. RW 301, Lusaka/Sambia
P.O.B. 2488, Dar-es-Salaam/Tansania
B.P. 186, Kigali/Ruanda
Westafrika:
B.P. 394, Cotonou/Benin
B.P. 20726, Abidjan/Elfenbeinküste
P.O.B. 2704, Accra/Ghana
B.P. 44, Jaoundé/Kamerun
B.P. 351, Ouagadougou/Obervolta
B.P. 1510, Lomé/Togo

Asien:
P.O.B. 443, Kabul/Afghanistan
1, Jalan Damai, off Jalan Pekeliling, Kuala Lumpur 16-20/Malaysia
P.O.B. 442, Kathmandu/Nepal
P.O.B. 4-98, Bangkok/Thailand
Lateinamerika:
Avenida Illimani, esquina Pinilla Casilla 6546, La Paz/Bolivien
Caixa Postal 655, Avenida Conde de Boa Vista, 50, Ed. Peosoa de Melo, 40 andar Sala 401, 50.000 Recife-Pernambuco/Brasilien
Rua Goncalves Dias 2904, Barrio Santo Agostinho, 30.000 Belo Horizonte/MG/Brasilien
Casilla A 244, Quito/Ekuador
39, Russel Heights, Kingston-8/Jamaika
Casilla 5133, Lima-Miraflores/Peru
Casilla 5133, Lima-Miraflores/Peru

35 Inland: 541, Ausland: 1925

40 Der DED ist ein Fachdienst mit sozialem Engagement. Er entsendet Entwicklungshelfer mit abgeschlossener beruflicher Ausbildung und Berufserfahrung in z. Zt. 22 Entwicklungsländer zur Mitarbeit in sozialen Entwicklungsprojekten des Gastlandes auf Anforderung privater und staatlicher Institutionen.
Bereiche: Gesundheitswesen, Community Development, Sozialarbeit, Technisch-handwerkliche Programme, Schule, Hochschulen, Handel, Industrie, Verwaltung, landwirtschaftliche Entwicklung;
Förderung der einheimischen Jugend- und Entwicklungsdienste;
Entsendung von Entwicklungshelfern in den Freiwilligendienst der Vereinten Nationen

50 1. Entwicklungspolitik

51 10.000

55 DED-Brief

055

20 **Deutscher Musikrat - Deutsche Sektion im Internationalen Musikrat e. V., Verbindungsstelle für internationale Beziehungen**

23 Am Michaelshof 4a, 5300 Bonn 2

24 02221/36 30 33

40 Vertretung der deutschen Interessen im Internationalen Musikrat; Organisation von Auslandsgastspielreisen; Teilnahme an internationalen Musikwettbewerben, Kongressen und Seminaren

056
- 20 Deutscher Rat der Europäischen Bewegung
- 23 Postfach 15 29, Bachstr. 32, 5300 Bonn 1
- 24 02221/63 12 97
- 26 1949
- 40 Förderung des europäischen Gedankens in der Bundesrepublik Deutschland und der Verständigung zwischen den europäischen Nationen; Dachverband von Verbänden, Vereinen, Instituten und sonstigen Einrichtungen, deren Ziel auf die Vereinigung Europas gerichtet ist und die im Gebiet der BRD tätig sind, wozu auch die im Bundestag vertretenen Parteien gehören; pressemäßige Vertretung des Europarats in der BRD

057
- 20 Deutscher Verband technisch-wissenschaftlicher Vereine
- 21 DVT
- 23 Graf-Recke-Str. 84, Postfach 1139, 4000 Düsseldorf
- 24 0211/6 21 41   0858 6525 (VDI)
- 26 1916
- 31 Dr. Ing. U. Haier (Vorsitzender)
  Dr. J. Debelius (Geschäftsführer)
- 40 Behandlung gemeinsamer, den fachlichen Aufgabenkreis der einzelnen Mitgliedsvereine überschreitende Aufgaben auf den verschiedenen Gebieten der Technik; Förderung der technischen Wissenschaften; Vereinheitlichung des technischen Unterrichtswesens; Mitarbeit an der Gesetzgebung auf dem Gebiet der Technik und in Fragen der technischen Verwaltung
- 55 DVT-Rundschreiben (nur für Mitgliedsverbände)
  DVT-Schriften (in beschränktem Umfang)

058
- 20 Deutsches Archäologisches Institut
- 21 DAI
- 23 Postfach, Podbielskiallee 69-71, 1000 Berlin 33
- 24 030/83 20 41
- 26 1829

31	Prof. Dr. Werner Krämer (Präsident)
32	Auswärtiges Amt, Bonn
33	Rom, Athen, Kairo, Istanbul (Ankara), Madrid (Lissabon), Baghdad, Teheran; Kommissionen in Frankfurt/Main und München
35	Inland: 87, Ausland: 92 (ohne Ortskräfte)
40	Wissenschaftliche Korporation, Bundeseinrichtung, die beim Auswärtigen Amt ressortiert; zuständig für Forschung auf dem Gebiet der Archäologie und ihrer Nachbarwissenschaften in der Alten Welt; Ausgrabungen und andere Forschungsprojekte im In- und Ausland; Pflege internationaler Beziehungen durch Kontakte und Zusammenarbeit mit ausländischen Gelehrten und wissenschaftlichen Institutionen; Stipendien an ausländische Archäologen
50	1. Klassische Archäologie /3. Briefe und Zeichnungen bedeutender Archäologen und Bauforscher
56	Sämtliche vom DAI herausgegebenen wissenschaftlichen Veröffentlichungen (Zeitschriften, Serien, Monographien)

059
20 Deutsches Institut für Entwicklungspolitik gGmbH

21	DIE
23	Fraunhoferstr. 33-36, 1000 Berlin 10
24	030/3 41 80 71
26	1964
31	Dr. Horst Wiesebach Dr. Hans-Helmut Taake
35	40
40	Das DIE ist eine wissenschaftliche Einrichtung mit Forschungs-, Beratungs- und Ausbildungsaufgaben. Es übernimmt von öffentlichen Institutionen der Entwicklungspolitik in der Bundesrepublik Deutschland und im Ausland Aufträge für Gutachten und Beratung und führt Forschungsarbeiten zu aktuellen Problemen der internationalen Entwicklung durch. In engem inhaltlichen und organisatorischen Zusammenhang mit Forschung und Beratung steht die Ausbildung von Hochschulabsolventen verschiedener Fachrichtungen für die berufliche Praxis in Institutionen der deutschen und internationalen Entwicklungspolitik. Ständige Forschungs- und Beratungsthemen sind: Grundsätzliche Probleme der Entwicklungspolitik und Entwicklungshilfe;

	Methodische Fragen der Planung und Evaluierung von Entwicklungsprojekten und -programmen; Probleme der bilateralen Kooperation der Bundesrepublik Deutschland und der Europäischen Gemeinschaft mit einzelnen Ländern und Ländergruppen; Internationale Rohstoffpolitik
50	1. Internationale Beziehungen, Regionalforschung
51	ca. 30.000
52	Literaturdokumentation; Datendokumentation
53	Archiv
54	Informationserteilung; Abgabe von Fotokopien; Buchausleihe
55	Die Schriften des DIE erscheinen in einer kleinen Auflage und werden einem Kreis unmittelbar interessierter Leser in Administration, Wirtschaft und internationalen Organisationen kostenlos zur Verfügung gestellt. In beschränktem Umfang besteht die Möglichkeit, soweit sie nicht über den Buchhandel (Bruno Hessling Verlag) vertrieben werden, gegen eine Gebühr von DM 8,-- beim DIE direkt zu bestellen

060

20	**Deutsches Institut für internationale Pädagogische Forschung**
21	DIPF
23	Postfach 90 02 80, Schloß-Str. 29, 6000 Frankfurt/Main 90
24	0611/77 10 47
26	1951
31	Prof. Dr. Wolfgang Mitter (Direktor des Forschungskollegiums) Prof. Dr. Bernhard Kraak (Stellvertr. Direktor des Forschungskollegiums)
35	113 (davon 60 wissenschaftliche Mitarbeiter)
40	Pädagogische Forschung unter Betonung des internationalen Vergleichs in 7 Abteilungen: Allgemeine und vergleichende Erziehungswissenschaft; Berufs- und Wirtschaftspädagogik; Psychologie; Soziologie; Ökonomie; Recht und Verwaltung des Bildungswesens; Statistik und Methodenforschung
50	1./3. Erziehungswissenschaft
51	110.000
54	Abgabe von Fotokopien und Buchausleihe gegen Kostenerstattung
55	Institutsinterne Veröffentlichungen (Werkstattberichte etc.)

56	8 Reihen (im Beltz-Verlag); insbesondere Studien und Dokumentationen zur vergleichenden Bildungsforschung (hrsg. von Wolfgang Mitter) und Studien zu Gesellschaft und Bildung (hrsg. von Theodor Hant).

061
20 Deutsches Institut für Wirtschaftsforschung

21	DIW
23	Königin-Luise-Str. 5, 1000 Berlin 33
24	030/8 29 11
26	1925
31	Prof. Dr. Hans-Jürgen Krupp (Präsident) Dr. Fritz Franzmeyer (Abteilung Westliche Industrieländer und Entwicklungsländer)
35	172
40	Beobachtung und Erforschung der wirtschaftlichen Vorgänge des In- und Auslandes
51	67.000
54	Informationserteilung; Abgabe von Fotokopien gegen Kostenerstattung
55	DIW. Aufgaben und Organisation
56	Wochenbericht; Vierteljahreshefte der Wirtschaftsforschung; Sonderhefte des DIW; Beiträge zur Strukturforschung

062
20 Deutsches Komitee der IAESTE (International Association for the Exchange of Students for Technical Experience)

21	IAESTE	
23	Deutscher Akademischer Austauschdienst, Arbeitsbereich 23, Kennedyallee 50, 5300 Bonn 2	
24	02221/88 23 85	08 85 515 daad d
26	1950	
32	IAESTE General Secretariat, z.Zt. (bis 1979): IAESTE Swiss, Praktikantendienst ETH, Rämistr. 101, 8092 Zürich/Schweiz 1980-81: IAESTE Greece, National Technical University of Athens, 42, Patission St., Athen/Griechenland	
35	Inland: 7	

40	Vermittlung und Betreuung deutscher und ausländischer Hochschulpraktikanten im Sinne einer berufsbezogenen Ausbildung
54	Informationserteilung
55	Jahresberichte des Generalsekretärs

063
20 Deutsches Orient-Institut

21	DOI
23	Mittelweg 150, 2000 Hamburg 13
24	040/44 14 81
26	1960
31	Dr. Udo Steinbach
32	Verbund der Stiftung Deutsches Übersee-Institut
35	20
40	Erforschung der gegenwärtigen politischen, wirtschaftlichen und sozialen Entwicklung der Länder des Orients (von Marokko bis Pakistan)
51	20.000
52	Literaturdokumentation; Datendokumentation
53	Archiv: Presse
54	Informationserteilung; Abgabe von Fotokopien gegen Kostenerstattung; Buchausleihe
56	Schriften, Mitteilungen und Sonderdrucke des Deutschen Orient-Instituts; Orient. Zeitschrift für Politik und Wirtschaft des Orients, 4-mal jährlich

064
20 Dokumentations-Leitstelle Afrika

21	AFDOK
23	Neuer Jungfernstieg 21, 2000 Hamburg 36
24	040/3 56 25 61
26	1966
31	Dr. Marianne Weiss
32	Institut für Afrika-Kunde im Verbund der Stiftung Deutsches Übersee-Institut
35	7

40	Erfassung und Erschliessung von regionalkundlich relevantem Schrifttum aus dem Gesamtbereich der Sozialwissenschaften; Sammlung von Fakten und Daten in bestimmten Registern; Literaturhinweisdienst nach Interessenprofilen für begrenzten Benutzerkreis im entwicklungspolitischen Bereich; Fortbildung von Dokumentaren aus Afrika
52	Literaturdokumentation; Datendokumentation
54	Informationserteilung und Abgabe von Fotokopien gegen Kostenerstattung
56	Dokumentationsdienst Afrika: Reihe A: „Biblio". Spezialbibliographien; Reihe B: Verzeichnisse; Ausgewählte Neuere Literatur „Select", je ca. 350 Titel mit Registern, 4-mal jährlich; Literaturhinweisdienst. Bibliographische Informationen zu bestimmten Themen nach Interessenprofilen; Länderkurzbibliographien. Einführende Literatur neueren Datums; Aktueller Informationsdienst Afrika. Meldungen und Kommentare aus der afrikanischen Presse, 14-tägig

065
20 Dokumentations-Leitstelle Asien

21	ASDOK
23	Neuer Jungfernstieg 21, 2000 Hamburg 36
24	040/3 56 25 89
26	1968
31	Dr. Klaus-A. Pretzell
32	Institut für Asienkunde im Verbund der Stiftung Deutsches Übersee-Institut
35	12
40	Erfassung und Erschliessung von regionalkundlich relevantem Schrifttum aus dem Gesamtbereich der Sozialwissenschaften; Sammlung von Fakten und Daten in bestimmten Registern; Literaturhinweisdienst nach Interessenprofilen für begrenzten Benutzerkreis im entwicklungspolitischen Bereich
52	Literaturdokumentation; Datendokumentation
54	Informationserteilung und Abgabe von Fotokopien gegen Kostenerstattung
56	Dokumentationsdienst Asien: Reihe A: „Biblio". Spezialbibliographien; Ausgewählte neuere Literatur „Select", je ca. 300 Titel mit Registern, 4-mal jährlich; Neuerwerbungen der Institutsbibliothek „Acquis", 4-mal jährlich;

Mitteilungen. Berichte zur Asiendokumentation im In- und Ausland, 2-mal jährlich;
Literaturhinweisdienst. Bibliographische Informationen zu bestimmten Themen nach Interessenprofilen;
Länderkurzbibliographien. Einführende Literatur neueren Datums;
Aktueller Informationsdienst Asien. Meldungen und Kommentare aus vorwiegend asiatischen Quellen, 14-tägig

066
20 Dokumentations-Leitstelle Lateinamerika

21	LADOK
23	Neuer Jungfernstieg 21, 2000 Hamburg 36
24	040/3 56 25 81 2 15 693 ibero d
26	1967
31	Guilherme de Almeida-Sedas
32	Institut für Iberoamerika-Kunde im Verbund der Stiftung Deutsches Übersee-Institut
35	8
40	Erfassung und Erschliessung von regionalkundlich relevantem Schrifttum aus dem Gesamtbereich der Sozialwissenschaften; Sammlung von Fakten und Daten in bestimmten Registern; Literaturhinweisdienst nach Interessenprofilen für begrenzten Benutzerkreis im entwicklungspolitischen Bereich
52	Literaturdokumentation; Datendokumentation; Textdokumentation
53	Archiv: Presse
54	Informationserteilung und Abgabe von Fotokopien gegen Kostenerstattung
56	Dokumentationsdienst Lateinamerika: Reihe A: „Biblio". Spezialbibliographien; Ausgewählte neuere Literatur „Select". Aufsatzliteratur, mit Registern und kurzen Inhaltsangaben, 4-mal jährlich; Literaturhinweisdienst. Bibliographische Informationen zu bestimmten Themen nach Interessenprofilen; Länderkurzbibliographien. Einführende Literatur neueren Datums; Aktueller Informationsdienst Lateinamerika. Meldungen und Kommentare aus der lateinamerikanischen Presse, 14-tägig

067
20 Dokumentations-Leitstelle Moderner Orient

21	ORDOK
23	Neuer Jungfernstieg 21, 2000 Hamburg 36

24	040/3 56 25 70
26	1966
31	Dr. Erhard Franz
32	Deutsches Orient-Institut im Verbund der Stiftung Deutsches Übersee-Institut
35	8
40	Erfassung und Erschliessung von regionalkundlich relevantem Schrifttum aus dem Gesamtbereich der Sozialwissenschaften; Sammlung von Fakten und Daten in bestimmten Registern; Literaturhinweisdienst nach Interessenprofilen für begrenzten Benutzerkreis im entwicklungspolitischen Bereich
52	Literaturdokumentation; Datendokumentation
53	Archiv: Presse, Bildträger
54	Informationserteilung und Abgabe von Fotokopien gegen Kostenerstattung
56	Dokumentationsdienst Moderner Orient: Reihe A: „Biblio". Spezialbibliographien; Ausgewählte neuere Literatur „Select", je ca. 300 Titel mit Registern, 4-mal jährlich; Neuerwerbungen der Institutsbibliothek „Acquis"; Mitteilungen; Literaturhinweisdienst. Bibliographische Informationen zu bestimmten Themen nach Interessenprofilen; Länderkurzbibliographien. Einführende Literatur neueren Datums; Aktueller Informationsdienst Moderner Orient. Meldungen und Kommentare aus der orientalischen Presse in europäischen Sprachen, 14-tägig

068

20	**Dr. Carl Duisberg-Stiftung für das Auslandsstudium deutscher Studenten**
23	Haus Eden, Wackersberger Str. 40, 8170 Bad Tölz
24	08041/28 41 Sekretariat: 0214/3 08 10 37
26	1923
31	Dr. Curt Duisberg
35	1
40	Vergabe von Stipendien für das Auslandsstudium von deutschen Naturwissenschaftlern in Europa
54	Informationserteilung

069

20 Europäische Akademie Berlin e. V.

23 Bismarckallee 46-48, 1000 Berlin 33

24 030/8 26 20 95

26 1964

31 MdA Alexander Voelker (Vorstands-Vorsitzender)
Dr. Hermann Krätschell (Geschäftsführendes Vorstandsmitglied und Akademieleiter)

32 Internationale Föderation der Europa-Häuser (FIME)

35 15

40 Organisation internationaler Seminare und Kurse speziell zu europäischen Themen

50 1. Europäische Integration

51 12.000

54 Informationserteilung und Buchausleihe; Abgabe von Fotokopien gegen Kostenerstattung

56 „Europäische Wirtschaftsgemeinschaft. Ein Mediensystem zu Problemen europäischer Politik" mit Lehrerband und Quellenheft

070

20 Forschungsstelle für internationale Agrarentwicklung e.V.

21 FiA

23 Kurfürsten-Anlage 59, 6900 Heidelberg 1

24 06221/2 63 78

26 1961

31 Direktoren: Dr. F. W. Fuhs; Prof. Dr. K. Egger; Dr. H.-C. Rieger
Geschäftsführer: Dr. O. C. Kirsch

35 10

40 Forschung im Bereich der Agrarpolitik, Agrarökonomie und Agrarsoziologie der Entwicklungsländer mit folgenden Schwerpunkten: Gegebene und neue Formen ländlicher Institutionen: Genossenschaftliche und andere Kooperationsformen der Selbsthilfe in der Landbewirtschaftung und der Produktionsförderung;

Voraussetzung und Integrationsmöglichkeiten für ländliche und landwirtschaftliche Entwicklungsmaßnahmen: Planung und Evaluierung von Beratungs- und regionalen Entwicklungsprojekten;
Theorie und Methodik der Anwendung sozio-ökonomischer Erhebungen im Rahmen von landwirtschaftlichen Entwicklungsstrategien;
Veranstaltung von Vorträgen zu dieser Thematik

50 1. Kooperationsformen im landwirtschaftlichen Produktionsbereich

51 5.000; Zeitschriften: 100

52 Literaturdokumentation

54 Informationserteilung; Abgabe von Fotokopien gegen Kostenerstattung

56 Schriftenreihe (seit 1972), auch in englischer und französischer Sprache. Saarbrücken: Verlag der SSIP Schriften

071

20 Fraunhofer-Gesellschaft zur Förderung der angewandten Forschung e.V.

21 FhG

23 Leonrodstr. 54, 8000 München 19

24 089/1 20 51   05-215 382

26 1949

31 Dr. rer.nat. Heinz Keller (Präsident)
Dr. jur. Eberhard Schlephorst
August Epp

33 Institute
— Festkörperelektronik und Informationsverarbeitung
Institut für angewandte Festkörperphysik, Eckerstraße 4, 7800 Freiburg, Tel. 0761/27 30 91-93

Institut für Festkörpertechnologie, Paul-Gerhardt-Allee 42,
8000 München 60, Tel. 089/88 65 51-53
Institut für Informationsverarbeitung in Technik und Biologie, Sebastian-Kneipp-Straße 12/14, 7500 Karlsruhe, Tel. 0721/6 09 11
Institut für physikalische Weltraumforschung, Heidenhofstraße 8,
7800 Freiburg, Tel. 0761/8 40 81
— Systemtechnik und Technologietransfer
Institut für Systemtechnik und Innovationsforschung, Breslauer Str. 48,
7500 Karlsruhe-Waldstadt, Tel. 0721/6 09 11
Institut für naturwissenschaftlich-technische Trendanalysen, 2301 Stohl
über Kiel, Tel. 04308/2 14
Patentstelle für die Deutsche Forschung, Romanstraße 22,
8000 München 19, Tel. 089/13 20 25-26
— Werkstoffe in Konstruktionen und Anlagen
Laboratorium für Betriebsfestigkeit, Bartningstraße 47, 6100 Darmstadt-Kranichstein, Tel. 06151/35 71
Institut für zerstörungsfreie Prüfverfahren, Gebäude 37, Universität,
6600 Saarbrücken 11, Tel. 0681/3 02 38 01
Ernst-Mach-Institut, Eckerstraße 4, 7800 Freiburg, Tel. 0761/27 30 96-98;
Abteilung für Ballistik, Hauptstraße 18, 7858 Weil am Rhein, Tel.
07621/7 10 67
Institut für angewandte Materialforschung, Lesumer Heerstraße 36,
2820 Bremen-Lesum, Tel. 0421/63 70 71
Institut für Festkörpermechanik, Rosastraße 9, 7800 Freiburg, Tel.
0761/3 53 04, 3 53 74 und 3 14 92
Institut für Silicatforschung, Neunerplatz 2, 8700 Würzburg, Tel.
0931/4 20 14
— Bauwesen und Holztechnologie
Institut für Bauphysik, Königsträßle 74, 7000 Stuttgart 70, Tel.
0711/76 50 08-09
Wilhelm-Klauditz-Institut für Holzforschung, Bienroder Weg 54 E,
3300 Braunschweig, Tel. 0531/35 00 98
Informationsverbundzentrum Raum und Bau, Silberburgstraße 119 A,
7000 Stuttgart, Tel. 0711/62 39 62-63
— Verfahrens- und Produktionstechnik
Institut für Produktionstechnik und Automatisierung, Holzgartenstraße 17,
7000 Stuttgart, Tel. 0711/2 07 39 00 und 29 23 71; Abteilung für
Fertigungsanlagen und Konstruktionstechnik, Kurfürstendamm 202,
1000 Berlin 15, Tel. 030/8 81 30 94-95
Institut für Chemie der Treib- und Explosivstoffe, Institutstraße,
7507 Pfinztal/Berghausen, Tel. 0721/4 61 01
Institut für Lebensmitteltechnologie und Verpackung e.V.,
Schragenhofstraße 35, 8000 München 50, Tel. 089/14 54 54-55
Institut für angewandte Mikroskopie, Photographie und Kinematographie,
Breslauer Straße 48, 7500 Karlsruhe-Waldstadt, Tel. 0721/6 09 11
Institut für Grenzflächen- und Bioverfahrenstechnik, Eierstraße 46,
7000 Stuttgart, Tel. 0711/64 20 08-09
— Umweltforschung und Umwelttechnik
Institut für Aerobiologie, Grafschaft/Hochsauerland, 5948 Schmallenberg,
Tel. 02972/4 94-96

Institut für atmosphärische Umweltforschung, Kreuzeckbahnstraße 19, 8100 Garmisch-Partenkirchen, Tel. 08821/5 10 56-57
Institut für Hydroakustik, Waldparkstraße 41, 8012 Ottobrunn bei München, Tel. 089/60 20 16-17
Dokumentationszentrale Wasser, Rochusstraße 36, 4000 Düsseldorf-N, Tel. 0211/48 20 41

35 2000

40 Forschung und Entwicklung auf natur- und ingenieurwissenschaftlichen Gebieten im Auftrag der Wirtschaft und staatlicher Stellen. Schwerpunkte der Vertragsforschung: Festkörperelektronik, Informations- und Datenverarbeitung, Systemtechnik, Technologietransfer, Werkstoffe, Bemessung technischer Konstruktionen, Bauforschung, Holztechnologie, Produktions- und Verfahrenstechnik, Umweltforschung und -technik

53 Archiv: Presse

54 Informationserteilung und Abgabe von Fotokopien

55 FhG-Berichte und Prospekte

072
20 Friedrich-Ebert-Stiftung
21 FES

23 Godesberger Allee 149, 5300 Bonn 2

24 02221/8 83-1   8 85 479 FESTd

26 1925

31 Dr. Günter Grunwald (Geschäftsführer)
Dr. Horst Heidermann (stellv. Geschäftsführer)
Forschungsinstitut: Dr. Horst Heidermann
Abteilung Entwicklungsländerforschung: Dr. Günther Esters

35 Inland: 442, Ausland: 110

40 Politische und gesellschaftliche Erziehung von Menschen aus allen Lebensbereichen im demokratischen Geist;

Förderung der Verständigung und der Zusammenarbeit zwischen den Völkern;
Vergabe von Stipendien an in- und ausländische Studenten und Doktoranden;
Forschung in den Bereichen:
Geschichte der deutschen Arbeiterbewegung, Entwicklungsländer, Außenpolitik kommunistischer Länder mit besonderer Berücksichtigung der Deutschen Demokratischen Republik, Entwicklungspolitik kommunistischer Länder

50 2. Graue Literatur zur wirtschaftlichen und sozialen Entwicklung

51 200.000

52 Literaturdokumentation

53 Archiv: Presse, Bildträger, Tonträger

54 Informationserteilung; Abgabe von Fotokopien gegen Kostenerstattung

55 Jahresbericht; Arbeiten (Kurzstudien) aus der Abteilung Entwicklungsländerforschung

56 Schriftenreihe des Forschungsinstituts der FES; Reihe Weltwirtschaft; Vierteljahresberichte - Probleme der Entwicklungsländer; Monatsberichte - Entwicklungspolitische Aktivitäten kommunistischer Länder; African Biographies.
Diese Veröffentlichungen erscheinen im Verlag Neue Gesellschaft, Bonn

073

20 Friedrich-Naumann-Stiftung

21 FNS

23 Baunscheidtstr. 15, 5300 Bonn 1

24 02221/5 47-1   8 86 580 fdpbo

26 1958

31 Vorsitzender der Geschäftsführung: Günter Verheugen
Bereich Inland: Dr. Fritz Fliszar
Baunscheidtstr. 15, 5300 Bonn 1, Tel.: 02221/547-215
Bereich Ausland: Gottfried Wüst
Baunscheidtstr. 15, 5300 Bonn 1, Tel.: 02221/547-228/323
Theodor-Heuss-Akademie: Rolf Schroers
Postfach 34 01 29, 5270 Gummersbach 31, Tel.: 02261/6 50 33
Studienförderung der Friedrich-Naumann-Stiftung:
Baunscheidtstr. 15, 5300 Bonn 1, Tel.: 02221/547-223/523
Politisches Archiv: Dr. Friedrich Henning
Baunscheidtstr. 15, 5300 Bonn 1, Tel.: 02221/547-202

35 Inland: 112, Ausland: 40

40	Vermittlung von Wissen im Sinne der liberalen, sozialen und nationalen Ziele Friedrich Naumanns durch Veranstaltung von Tagungen, Seminaren und Schulungskursen in den verschiedensten Bereichen, z.B. Bildung und Recht der Minderheiten, Wirtschafts- und Gesellschaftspolitik; Vergabe von Stipendien für Erststudien, Zusatzstudien und Promotionen
50	1. Geschichte und Politik des deutschen Liberalismus und der F.D.P.
53	Archiv: Presse, Bildträger, Tonträger
54	Informationserteilung und Buchausleihe; Abgabe von Fotokopien gegen Kostenerstattung
55	Jahresbericht

074

20	**Friedrich-Thieding-Stiftung des Hartmannbundes - Verband der Ärzte Deutschlands e.V.**
23	Godesberger Allee 54, 5300 Bonn 2
24	02221/37 30 45-9 8 85 483
26	1971
31	Dr. med. Dietrich von Abel (Vorsitzender des Vorstandes) Dipl.-Volksw. Klaus Nöldner (Geschäftsführendes Vorstandsmitglied)
35	4
40	Förderung von Forschung, Lehre und Erwachsenenbildung auf allen Gebieten des Gesundheitswesens, insbesondere der ärztlichen Berufsausübung; ärztliche Fortbildung
50	Friedrich-Thieding-Stiftung: 1. Gesundheitswesen in Entwicklungsländern (im Aufbau); Hartmannbund: 3. Ärztliche Berufspolitik
54	Informationserteilung, Abgabe von Fotokopien, Buchausleihe für begrenzten Benutzerkreis
56	Ärztliche Versorgung in Volksrepubliken, 1974 (DM 7,50)

075

20	**Fritz Thyssen Stiftung**
21	FTSt
23	Am Römerturm 3, 5000 Köln
24	0221/23 44 71
26	1959

31	Dr. Dr. h.c. Kurt Birrenbach (Kuratoriumsvorsitzender) Prof. Dr. Dr. h.c. mult. Helmut Coing (Vorsitzender des wiss. Beirates) Dr. Rudolf Kerscher (Vorstand)
35	10
40	Förderung der Wissenschaften; Vergabe von Stipendien und Forschungsmitteln
55	Jahresbericht

076
20 Gesellschaft für internationale Entwicklung e.V. (Deutscher Zweig der Society for International Development, SID)

21	SID	
23	Simrockstr. 1, 5300 Bonn 1	
24	02221/21 30 41	8 86 710
26	1966	
31	Dr. Wolfgang Gmelin (Geschäftsführer)	
32	Society for International Development, Rom/Italien	
40	Förderung des Erfahrungsaustauschs im nationalen und internationalen Bereich zwischen Personen, die sich mit Fragen der sozialen und wirtschaftlichen Entwicklung befassen; Verstärkung der Zusammenarbeit zwischen verschiedenen Disziplinen und zwischen Wissenschaft und Praxis	
55	Veröffentlichungen als Ergebnisse von Arbeitsgruppen 1976: Rezession und Entwicklungspolitik in der BRD. Hrsg. K. W. Menck (zu beziehen von der Zentralen Dokumentation der Deutschen Stiftung für internationale Entwicklung, Endenicher Str. 41, 5300 Bonn 1)	

077
20 Gesellschaft für Mathematik und Datenverarbeitung mbH

21	GMD	
23	Schloß Birlinghoven, Postfach 12 40, 5205 St. Augustin 1	
24	02241/1 41	8 89 469 gmd d
26	1968	
31	Prof. Dr. rer.nat. Fritz Krückeberg Dipl.-Kfm. Friedrich Winkelhage	

33	Rheinstr. 75, 6100 Darmstadt
35	656
40	Forschung und Entwicklung sowie fachliche und wissenschaftliche Aus- und Fortbildung auf dem Gebiet der Datenverarbeitung und ihrer Anwendungen im Rahmen des Gesamtprogramms für Datenverarbeitung des Bundes und auf Gebieten der Mathematik, die für den Fortschritt der Datenverarbeitung von besonderer Bedeutung sind; Beratung und Unterstützung der öffentlichen Verwaltung, bes. der Bundesregierung, bei der Förderung, Einführung und Fortentwicklung der Datenverarbeitung; Betrieb von Datenverarbeitungssystemen für die vorstehenden Aufgaben und zur Bereitstellung von subsidiärer Rechenkapazität für Zwecke der Gesellschafter
50	Informatik, Mathematik
51	ca. 25 000
55	Der GMD-Spiegel
56	Berichte der GMD

078

20	Goethe-Institut zur Pflege der deutschen Sprache im Ausland und zur Förderung der internationalen kulturellen Zusammenarbeit e. V.	
21	GI	
23	Lenbachplatz 3, 8000 München 2	
24	089/5 99 91	5 22 940
26	1951	

31   Klaus von Bismarck (Präsident)
     Dr. Horst Harnischfeger (Generalsekretär)
     Dr. Hans-Peter Krüger, M. A. h. c. (Stellvertretender Generalsekretär)

33   Zweigstellen (alphabetisch nach Ländern):
     German Cultural Institute, P.O.Box 11 93, Arat Kilo, Miazia 27 Square, Addis Abeba/Äthiopien, Tel. 12 22 59/11 48 97
     Goethe-Institut, P.O.Box 191, Sherpur, Sherpur Watt, Kabul/Afghanistan, Tel. 2 24 34
     Centre Culturel Allemand, 165, rue Sfindja, Algier/Algerien, Tel. 63 46 83, 61 26 82
     Goethe-Institut, rue des Ptolémées, Alexandria/Ägypten, Tel. 80 98 70
     Goethe-Institut, 5, Sharia El Raiis Abdel Salem Aref, P.O.B. 7 Mohammed Farid, Kairo/Ägypten, Tel. 97 05 77
     Instituto Goethe, Avenida Corrientes 319/43, 1043 Buenos Aires/Argentinien, Tel. 31-89 64/8
     Instituto Goethe, Bv. Chacabuco 476, Córdoba/Argentinien, Tel. 2 57 27
     German Cultural Centre, 606 St. Kilda Rd., Melbourne, Victoria, 3004/Australien, Tel. 51 88 38
     Goethe-Institut, 90 Ocean Street, Sydney-Woollahra N.S.W., 2025/Australien Tel. 3 28 74 11
     Goethe-Institut Brüssel, 58, rue Belliard, B-1040 Brüssel/Belgien, Tel. 2 30 39 70
     Instituto Cultural Boliviano Alemán, Casilla Correo 2195, Av. 6 de Agosto 2118, La Paz/Bolivien, Tel. 2 44 79, 2 27 05
     Sociedade Cultural Teuto-Brasileira, Avenida Carandai, 587, Caixa Postal 1629, Belo Horizonte/Brasilien, Tel. 2 24-24 29
     Instituto Cultural Brasil-Alemanha, Caixa Postal 04-01 19, Setor Comercial Sul 3, Bloco A 114-118, Edificio Dom Bosco, Brasilia - D. F./Brasilien, Tel. 24 67 73
     Instituto Cultural Brasileiro-Germânico, Rua Duque de Caxias 4, Caixa Postal 1285, Curitiba-Paraná/Brasilien, Tel. 22-23 27
     Instituto Cultural Brasileiro-Alemão, Rua Dr. Flôres 330, Caixa Postal 2511, Porto Alegre R. S./Brasilien, Tel. 24-90 28
     Instituto Cultural Brasil-Alemanha, Avenida Graca Aranha, 416-9⁰ and Caixa Postal 245-ZC-00, Rio de Janeiro/Brasilien, Tel. 2 32-45 02 und 2 24-18 62
     Instituto Cultural Brasil-Alemanha, Avenida Sete de Setembro 1809, Caixa Postal 756, 40 000 Salvador Bahia/Brasilien, Tel. 24 766 47/24 527 74
     Instituto Goethe, Centro Cultural Brasil-Alemanha, 01304 Rua Augusta 1470, Caixa Postal 30642, São Paulo/Brasilien, Tel. 2 88-95 88/99 21, 2 87-55 90
     Instituto Chileno-Alemán de Cultura, Esmeralda 650, Casilla 1050, Santiago de Chile, Tel. 38 31 85, 38 33 22
     Goethe-Institut, 21, Markou Drakou Ave., P.O.B. 1813, Nicosia/Cypern, Tel. 6 26 08
     Deutsches Kulturinstitut, Norre Voldgade 106, 1358 Kopenhagen K./Dänemark, Tel. (01) 13 34 54

Goethe-Institut, Centre Culturel Allemand, Lotissement Cocody, CHV, Ech 1/50, B.P. 8982, Abidjan/Elfenbeinküste

Goethe-Institut, Mannerheimintie 14 A, SF 00100 Helsinki 10/Finnland, Tel. 641 614

Goethe-Institut, Tuomiokirkonkatu 34 B, SF 33100 Tampere 10/Finnland, Tel. 2 89 82

Centre Culturel Allemand, 12, Rue Blanc Dutrouilh, F-33 Bordeaux/Frankreich, Tel. 44 67 06

Centre Culturel Allemand, 90, Rue de Stations, F-59 Lille/Frankreich, Tel. 57 02 44, 57 08 86

Centre Culturel Allemand, 13, Rue Emile Zola, F-69002 Lyon/Frankreich, Tel. 42 24 72/42 62 75

Centre Culturel Allemand, 171, Rue de Rome, F-13006 Marseille/Frankreich, Tel. 47 63 81/47 67 75

Centre Culturel Allemand, 3, Avenue du Général Leclerc, F-54 Nancy/Frankreich, Tel. 24 16 04

Centre Culturel Allemand, 17, Avenue d'Iéna, F-75116 Paris/Frankreich, Tel. 7 23 61 21/7 20 52 80

Centre Cuturel Allemand, Hotel de Nupces, 6 bis, rue Clémence Isaure, F-31000 Toulouse/Frankreich, Tel. 23 08 34

Deutsches Kulturinstitut, P.O.Box 31 96, Quist Link S. 1-, opp. Accra Sports Stadium, Accra/Ghana, Tel. 7 63 62

Goethe Institut, P.O.B. 1022/Omonia, Phidiou 14-16, Athen/Griechenland, Tel. 3 60 81 11

Goethe-Institut, Leof. Was. Konstantinou 21, P.O.B. 268, Thessaloniki/Griechenland, Tel. 27 26 44/22 61 89

Scottish-German Centre, Goethe-Institute, 2/3 Park Circus, Glasgow G 3 6 AX/Grossbritannien, Tel. 041-3 32 25 55-6

Goethe-Institut London, 50/51, Princes gate, London SW 72 PG/Grossbritannien, Tel. 5 89 36 48-9, 5 89 72 07-8

German Cultural Institute for Northern England, 14, John Dalton Street, Ridgefield House, Manchester/M 2 6 HG/Grossbritannien, Tel. 8 34 46 35-6

Goethe-Institut, International Building, 11th Floor, 141, des Voeux Road, C., G.P.O.Box 5531, Hong Kong, Tel. 5-45 11 73-5

Max Mueller Bhavan, The Indo-German Cultural Centre, 12, Museum Road, Post Box 5058, Bangalore - 56 00 01/Indien, Tel. 5 21 35

Max Mueller Bhavan, The Indo-German Cultural Centre, Prince of Wales Museum Annexe, Off. Mahatma Gandhi Road, Bombay - 40 00 01/Indien, Tel. 25 69 53, 25 75 00

Max Mueller Bhavan, The Indo-German Cultural Centre, 8, Ballygunge Circular Road, Calcutta - 19/Indien, Tel. 47-94 04, 47-93 98

Max Mueller Bhavan, The Indo-German Cultural Centre, 3-5-43 Eden Bagh Ramkote, Hyderabad - 1 (A.P.)/Indien, Tel. 4 39 38

Max Mueller Bhavan, The Indo-German Cultural Centre, 3A, Cathedral Road, Madras - 60 00 86/Indien, Tel. 8 37 91

Max Mueller Bhavan, The Indo-German Cultural Centre, 3 Kasturba Gandhi Marg, New Delhi - 11 00 01/Indien, Tel. 38 66 26, 38 49 56, 38 27 92

Max Mueller Bhavan, Branch of the Goethe-Institute München, 14/3-B, Boat Club Road, Poona - 1/Indien, Tel. 2 49 45
Goethe-Institut, (Yayasan Kebudayaan Jerman), Jalan Laksamana Laut R. E., Martadinata 48, Bandung/Indonesien, Tel. 39 67
Goethe-Institut, (Yayasan Kebudayaan Jerman), Jalan Matraman Raya 23, Jakarta/Indonesien, Tel. 8 27 98, 8 41 39
Goethe-Institut, (Yayasan Kebudayaan Jerman), Tromol Pos 235, Taman Ade Irma Surjani Nasution 15, Surabaja/Indonesien, Tel. 4 03 68, 4 37 35
Goethe-Institut, Abassabad Kh. Television, KH. Haftom, P.O.B. 1895, Teheran/Iran, Tel. 62 73 36/7
German Cultural Institute, 37, Merrion Square, Dublin -2/Irland, Tel. 01-76 64 51
Goethe-Institut, Biblioteca Germanica, Salita Santa Caterina 4, I-16123 Genova/Italien, Tel. 010/54 27 88
Biblioteca Germanica, Centro Culturale Tedesco, Palazzo Bossi, Via dei Bossi 4, I-20 121 Milano/Italien, Tel. 80 41 92, 80 35 22, 87 46 13
Goethe-Institut, Palazzo Spalletti, Riviera di Chiaia 202, I-80 121 Napoli/Italien, Tel. 41 19 23
Goethe-Institut, Centro Culturale Tedesco, Via Vaccarini 1, I-90 143 Palermo/Italien, Tel. 26 12 62
Deutsche Bibliothek, (Palazzo Odescalchi), Via del Corso 262-267, I-00 186 Roma/Italien, Tel. 68 81 24, 68 90 31, 67 84 922
Goethe-Institut, Piazza S. Carlo 206, I-10 121 Torino/Italien, Tel. 55 52 26
Instituto Germanico di Cultura, Via Coroneo 15, I-34 133 Trieste/Italien, Tel. 73 20 57
Deutsches Kulturinstitut Kyoto, Sakyo-Ku, Yoshida, Ushinomiya-cho 4, 606 Kyoto/Japan, Tel. (075) 7 61- 21 88/9
Goethe-Institut, Shin Osaka Bldg., Room 935, 25, 1-chome, Dojimahama-dori, Kita-ku, 530 Osaka/Japan, Tel. (06) 3 41-30 51/30 52/30 53
Deutsches Kulturinstitut, Shintaiso-Bldg. P.O.Box 70, 2-10-7 Dogenzaka, Shibuyaku, Tokyo 150/Japan, Tel. 4 62 08 48
Goethe-Institut, P.O.B. 1676, Ibn Sina Street, Amman/Jordanien, Tel. 4 19 93
Instituto Cultural Alemán, Calle Tonalá 43, Mexico-City 7, D.F., Tel. 5-33-68-89
Goethe-Institut, Herengracht 470, Amsterdam/Niederlande, Tel. (020) 23 04 21
Goethe-Institut, 's-Gravendijkwal 50-52, Martin Behaim Haus, Rotterdam 3003/Niederlande, Tel. (010) 36 54 11
German Cultural Institute, 174, Broad Street, P.O.Box 957, Lagos/Nigeria, Tel. 2 44 61
Goethe-Institut, Komediebakken 11, N-5000 Bergen/Norwegen, Tel. 21 62 39
Goethe-Institut, Uranienborg Terr. 6, Oslo 3/Norwegen, Tel. 60 53 74, 60 56 53
German Cultural Centre, 256, Sarwar N. H. Shaheed Road, Karachi 0105/Pakistan, Tel. 51 48 11
Pakistan-German Cultural Centre, 5-H, Main Gulberg, P.O.Box 339, Lahore/Pakistan, Tel. 8 20 49

Dozentur Islamabad, c/o Embassy of the Federal Republic of Germany,
P.O.B. 1027, Islamabad/Pakistan
Asociación Cultural Peruano-Alemana, Jirón Ica 426, Lima 1/Peru, Tel.
27 82 44, 27 88 71
German Cultural Center, P.O.Box 2883, 687, Aurora Boulevard, Manila
(Metro)/Philippinen, Tel. 70 67 45/78 15 06
Instituto Alemão, Campo dos Mártires da Pátria, 36-37, Lisboa 1/Portugal,
Tel. 53 03 05-4 01, 49-4 90 73
Goethe-Institut, Linnégatan 76, S-115 23 Stockholm/Schweden, Tel.
(08) 63 84 20, 63 80 20, 63 80 35
Instituto Alemán de Cultura, Avda. José Antonio, 591, Barcelona 7/
Spanien, Tel. 3 17 38 90, 3 17 38 86
Instituto Alemán, Calle Zurbarán, 21, Madrid -4/Spanien, Tel. 2 31 03 05
Instituto Alemán, Calle de los Maestres, 7, Valencia - 3/Spanien, Tel.
96/3 31 87 01
Deutsches Kulturinstitut, German Cultural Institute, 92, Rosmead Place,
Colombo 7/Sri Lanka, Tel. 9 45 62, 9 33 51
German Cultural Institute, P.O.Box 1866, Sharia el Mek Nimr-Corner 15th
St., Khartoum 1/Sudan, Tel. 7 78 33 oder 8 15 42
The German Cultural Centre, Maktaba Street, I.P.S. Building,
P.O.Box 9510, Dar Es Salaam/Tansania, Tel. 2 22 27
German Cultural Institute, 102/1 Phra Athit Road, Bangkok 2/Thailand,
Tel. 2 81 72 11, 2 81 75 26, 2 81 77 37
Institut Goethe de Lomé, B.P. 914, 25, rue Maroix, Lomé/Togo, Tel. 38-93
Ankara Alman Kültür Merkezi, Izmir Caddesi 37, Ankara/Türkei, Tel.
17 31 24, 25 14 36
Dr. R. Anhegger, c/o Generalkonsulat der Bundesrepublik Deutschland,
Jnönü Caddesi 16-18, P.K. 335, Istanbul-Beyoglu/Türkei
Deutsches Kulturinstitut Izmir Alman Kültür Merkezi, Gazi Osman Pasa
Bulv. 13, P.K. 348, Izmir/Türkei, Tel. 13 61 59
Centre Culturel Allemand, 17, Avenue de France, Tunis/Tunesien, Tel.
24 36 10
Goethe-Institut, Casilla de Correo 1257, Rio Branco 1494, Montevideo/
Uruguay, Tel. 91 05 43, 90 89 03
Goethe-Institute Atlanta, German Cultural Center, 400 Colony Square,
Street Level, Atlanta, Georgia 30361/USA, Tel. 4 04/8 92-23 88, 23 89, 22 26
German Cultural Center for New England, 170 Beacon Street, Boston,
Mass. 02116/USA, Tel. (617) 2 62- 60 50
German Cultural Center, Room 420, 104, South Michigan Avenue,
Chicago, IL. 60603/USA
German Cultural Institute, 1014 Fifth Avenue, New York, N.Y. 10028/USA,
Tel. (212) 7 44-83 10
German Cultural Center, 432 Clay Street, San Francisco, Calif. 94111/USA,
Tel. 3 91-03 70
Asociación Cultural Humboldt, Apartado 60501 Chacao, Edificio Pigalle,
piso 1, Avenida Leonardo da Vinci, Colinas de Bello Monte, Caracas 106/
Venezuela, Tel. 76 20 55, 76 20 91
Centre Culturel Allemand, Boulevard du 30juin, B.P. 7465, Kinshasa 1/
Zaire, Tel. 2 55 18

35	Inland: 541, Ausland: 1.925
40	1. Pflege der deutschen Sprache im Ausland durch
a) Erteilung und Förderung von Deutschunterricht, insbesondere an Erwachsene im Ausland
b) Zusammenarbeit mit Unterrichtsverwaltungen, Institutionen und Lehrkräften im Ausland
c) fachliche Förderung ausländischer Sprachlehrer und Germanisten
d) Entwicklung und Verbesserung von Unterrichtsmethoden und -material sowie Mitwirkung an entsprechenden Maßnahmen Dritter
e) Verteilung von Stipendien zur Erlernung der deutschen Sprache
2. Förderung der internationalen kulturellen Zusammenarbeit durch:
a) Durchführung und Vermittlung kultureller Veranstaltungen im Ausland
b) Vermittlung von Informationen im Ausland über das kulturelle Leben in der Bundesrepublik Deutschland
c) Betreuung ausländischer Besucher, vor und nach ihrem Aufenthalt in der Bundesrepublik Deutschland
d) sonstige Beteiligung an kultureller Zusammenarbeit und Austausch mit kulturellen Einrichtungen im Ausland nach vorheriger Abstimmung mit dem Auswärtigen Amt
3. Zur Durchführung der unter 1. und 2. genannten Aufgaben unterhält das Goethe-Institut Kulturinstitute (Zweigstellen, Dozenturen und Nebenstellen) im Ausland. Die Wahrnehmung der unter 1. c, d und e genannten Vertragsaufgaben erfolgt auch in wissenschaftlichen Arbeitseinrichtungen und Unterrichtsstätten im Inland.
41	Sprachunterricht und Projekte der Pädagogischen Verbindungsarbeit im Rahmen der Bildungsarbeit im Gastland;
Ausbildung ausländischer Deutschlehrer aus Ländern der Dritten Welt in Lehrgängen von zwei Jahren Dauer in der Bundesrepublik Deutschland;
Vergabe von Sprachkursstipendien zur Sprachförderung in der Bundesrepublik Deutschland;
Entsendung deutscher Wissenschaftler zu Vorträgen und Seminaren über möglichst praxisbezogene Themen;
Durchführung dieser Veranstaltungen durch die Zweigstellen mit örtlichen Partnern (Universitäten etc.)
50	Zentralbibliothek in München:
Literatur; Deutschlandkunde; Sprachwissenschaft/Sprachunterricht; Lehrbücher für Deutsch als Fremdsprache aus aller Welt; dazu Bibliotheken und Mediotheken an allen Auslandszweigstellen
51	30.000
52	Literaturdokumentation; Datendokumentation
53	Archiv: Presse, Bildträger, Tonträger

54	Informationserteilung; Abgabe von Fotokopien; Buchausleihe
55	Jahrbuch des Goethe-Instituts; „Dialog"; „Beiträge zu den Sommerkursen"; „Werkstattgespräche"; „Sprachlehrgänge in europäischen Rundfunk- und Fernsehanstalten"; „Arbeitsmittel für den Deutschunterricht an Ausländer"; Publikationen aus dem Projekt „Phonothek"; „GI intern"; Informationsdienst „Spracharbeit"

079
20 Hahn-Meitner-Institut für Kernforschung GmbH

21	HMI	
23	Glienickerstr. 100, 1000 Berlin 39	
24	030/80 09-1	01-85 763
26	1959	
31	Prof. H.W. Levi (wiss.-techn. Geschäftsführung) Dr. W. Ellerkmann (kaufm. Geschäftsführung)	
32	Arbeitsgemeinschaft der Großforschungseinrichtungen (AGF)	
35	Inland: 600	
40	Forschungsschwerpunkte: Schwerionen-, Kern- und Atomphysik, Strahlen- und Photochemie, Festkörperforschung, Bearbeitung von Materialproblemen in verschiedenen technologischen Bereichen, Biomedizin, Geochemie, Prozeßrechner- und Rechnerverbund-Technologie	
50	1. Kernforschung	
51	ca. 26.000 Reports, 247.500 Microfiches, ca. 26.000 Monographien und Zeitschriften	
52	Literaturdokumentation	
54	Informationserteilung, Abgabe von Fotokopien und Buchausleihe (letztere Leistungen nur für Institutsangehörige)	
55	HMI-Berichte	

080
20 Hanns-Seidel-Stiftung e.V., Institut für internationale Begegnung

21	IBZ d. HSST. e.V.	
23	Lazarettstr. 19, 8000 München 19	
24	089/12 58-1	5 215 824 hssd
26	1975	

31	Dr. Rainer Gepperth
40	Internationale Verständigung und Wahrnehmung gesellschaftspolitischer Aufgaben der Erwachsenenbildung; Veranstaltung von internationalen Seminaren und Tagungen

081
20 Hans-Böckler-Stiftung

21	HBST
23	Schwann-Str. 3 4000 Düsseldorf 30
24	0211/4 30 11
26	1954 (als Stiftung Mitbestimmung, 1977 Umgründung in Hans-Böckler-Stiftung durch Aufnahme der Hans-Böckler-Gesellschaft)
31	Dr. Erhard Lank und Dr. Heinz Seidel (Geschäftsführung)
35	35
40	Finanzielle und ideelle Förderung 1. des Studiums begabter Arbeitnehmer und begabter Kinder von Arbeitnehmern. 2. politischer Bildungsarbeit an deutschen Hochschulen und Fachhochschulen durch geeignete Einrichtungen und Veranstaltungen. 3. wissenschaftlicher Untersuchungen in Bezug auf die Verbesserung der gesellschaftlichen Lage der Arbeitnehmer und deren Publikation. 4. von Institutionen mit ähnlicher Aufgabenstellung. 5. von Bildungsmaßnahmen für Arbeitnehmer aus Unternehmen, die den Mitbestimmungsgesetzen unterliegen, durch geeignete Einrichtungen und Veranstaltungen. 6. des Gedankens der Mitbestimmung insbesondere durch Erfahrungs- und Meinungsaustausch, Veranstaltungen und Publikationen
56	Monatszeitschrift "Das Mitbestimmungsgespräch"

082
20 Heinrich-Hertz-Stiftung beim Ministerium für Wissenschaft und Forschung des Landes Nordrhein-Westfalen

23	Völklinger Str. 49, 4000 Düsseldorf
24	0211/3 03 21
26	1961
31	Dr. Lingens (Geschäftsführer)
35	2

40 Vergabe von Stipendien zum internationalen Austausch von Studierenden, Hochschullehrern und Wissenschaftlern

083
20 Hochschule
(Universitäten, Technische Hochschulen/Universitäten, Pädagogische/Erziehungswissenschaftliche Hochschulen, Musik- und Kunsthochschulen, Philosophisch-Theologische/Kirchliche Hochschulen, Fachhochschulen und Gesamthochschulen)

23 1. Universitäten, Technische Hochschulen/Universitäten und Pädagogische/Erziehungswissenschaftliche Hochschulen (alphabetisch nach Orten)
Rheinisch-Westfälische Technische Hochschule Aachen, Bergriedsch 37, 5100 Aachen, Tel. 0241/8 01
Universität Augsburg, Memminger Str. 6, 8900 Augsburg, Tel. 0821/59 81
Universität Bayreuth, Geschwister-Scholl-Platz 3, 8580 Bayreuth, Tel. 0921/4 10 71-74
Freie Universität Berlin, Altensteinstr. 40, 1000 Berlin 33, Tel. 030/83 81
Technische Universität Berlin, Straße des 17. Juni 135, 1000 Berlin 12, Tel. 030/31 41
Pädagogische Hochschule Berlin, Malteserstr. 74-100, 1000 Berlin 46, Tel. 030/7 79 21
Universität Bielefeld, Universitätsstr. 1, 4800 Bielefeld 1, Tel. 0521/10 61
Ruhr-Universität Bochum, Universitätsstr. 150, 4630 Bochum 1, Tel. 0234/70 01
Rheinische Friedrich-Wilhelms-Universität, An der Schloßkirche 1, 5300 Bonn 1, Tel. 02221/7 31
Technische Universität Carolo-Wilhelmina zu Braunschweig, Pockelstr. 14, 3300 Braunschweig, Tel. 0531/39 11
Universität Bremen, Bibliotheksstraße, 2800 Bremen 33, Tel. 0421/21 81
Technische Universität Clausthal, Adolf-Römer-Str. 2a, 3392 Clausthal-Zellerfeld, Tel. 05323/7 21
Technische Hochschule Darmstadt, Karolinenplatz 5, 6100 Darmstadt, Tel. 06151/1 61
Universität Dortmund, Postfach 500 500, Baroper Straße 322, 4600 Dortmund-Eichlinghofen, 0231/75 51
Pädagogische Hochschule Ruhr, Emil-Figge-Str. 50, 4600 Dortmund 50, Tel. 0231/7 55 21 60
Universität Düsseldorf, Universitätsstr. 1, 4000 Düsseldorf 1, Tel. 0211/31 11
Friedrich-Alexander-Universität Erlangen-Nürnberg, Schloßplatz 4, 8520 Erlangen, Tel. 09131/8 51
Pädagogische Hochschule Esslingen, Flandernstr. 101, 7300 Esslingen, Tel. 0711/39 41

Pädagogische Hochschule Flensburg, Mürwiker Str. 77, 2390 Flensburg,
Tel. 0461/3 50 53
Johann-Wolfgang-Goethe-Universität, Bockenheimer Landstr. 133,
6000 Frankfurt/Main, Tel. 0611/79 81
Albert-Ludwigs-Universität, Heinrich von Stephan Straße 25,
7800 Freiburg, Tel. 0761/20 31
Pädagogische Hochschule Freiburg, Kunzenweg 21, 7800 Freiburg, Tel.
0761/68 21
Justus-Liebig-Universität Gießen 1, Ludwigstr. 23, 6300 Gießen, Tel.
0641/70 21
Georg-August-Universität, Wilhelmsplatz 1, 3400 Göttingen, Tel. 0551/3 91
Universität Hamburg, Edmund-Siemers-Allee 1, 2000 Hamburg 13, Tel.
040/4 12 31
Technische Universität Hamburg-Harburg, Harburger Schloßstr. 20,
2100 Hamburg 90, Tel. 040/7 71 70
Universität Hannover, Welfengarten 1, 3000 Hannover, Tel. 0511/76 21
Medizinische Hochschule Hannover, Karl-Wiechert-Allee 9,
3000 Hannover 61, Tel. 0511/53 21
Tierärztliche Hochschule Hannover, Bischofsholer Damm 15,
3000 Hannover 1, Tel. 0511/8 11 31
Ruprecht-Karl-Universität, Postfach 105 760, Grabengasse 1, Alte
Universität, 6900 Heidelberg, Tel. 06221/5 41
Pädagogische Hochschule Heidelberg, Keplerstr. 87, 6900 Heidelberg, Tel.
06221/4 91 19
Hochschule Hildesheim, Marienburger Platz 22, 3200 Hildesheim,
Tel. 05221/8 10 61-63
Universität Hohenheim, Schloß, 7000 Stuttgart 70, Tel. 0711/47 50 11
Universität Kaiserslautern, Pfaffenbergstr. 95, 6750 Kaiserslautern, Tel.
0631/85 41
Universität Karlsruhe, Kaiserstr. 12, 7500 Karlsruhe 1, Tel. 0721/60 81
Pädagogische Hochschule Karlsruhe, Bismarckstr. 10, 7500 Karlsruhe, Tel.
0721/2 39 91
Christian-Albrechts-Universität, Olshausenstr. 40-60, 2300 Kiel, Tel.
0431/88 01
Pädagogische Hochschule Kiel, Olshausenstr. 75, 2300 Kiel, Tel.
0431/5 43 31
Universität zu Köln, Albertus-Magnus-Platz, 5000 Köln 41, Tel. 0221/47 01
Deutsche Sporthochschule Köln, Karl-Diem-Weg, 5000 Köln 41, Tel.
0221/49 40 21
Pädagogische Hochschule Rheinland, Richard-Wagner-Str. 39, 5000 Köln 1,
Tel. 0221/23 54 04
Universität Konstanz, Universitätsstr. 10, 7750 Konstanz, Tel. 07531/88 21
Pädagogische Hochschule Lörrach, Hangstr. 46-50, 7850 Lörrach, Tel.
07621/38 08
Medizinische Hochschule Lübeck, Ratzeburger Allee 160, 2400 Lübeck,
Tel. 0451/50 01
Pädagogische Hochschule Ludwigsburg, Reuteallee 46, 7140 Ludwigsburg,
Tel. 07 141/14 01

Hochschule Lüneburg, Wilschenbrucher Weg 84, 2400 Lüneburg, Tel. 0431/20 31
Johannes Gutenberg-Universität, Saarstr. 21, 6500 Mainz, Tel. 06131/3 91
Erziehungswissenschaftliche Hochschule Rheinland-Pfalz, Große Bleiche 60-62, 6500 Mainz, Tel. 06131/9 41 14
Universität Mannheim, Schloß, 6800 Mannheim 1, Tel. 0621/29 21
Philipps-Universität, Biegenstr. 10, 3550 Marburg, Tel. 06421/2 81
Ludwig-Maximilians-Universität, Leopoldstr. 3, 8000 München 40, Tel. 089/2 18 01
Hochschule für Politik München, Ludwigsstr. 8, 8000 München 22, Tel. 089/28 11 46
Technische Universität, Arcisstr. 21, 8000 München 2, Tel. 089/2 10 51
Westfälische Wilhelms-Universität, Schloßplatz 2, 4400 Münster, Tel. 0251/8 31
Pädagogische Hochschule Westfalen-Lippe, Hammerstr. 39, 4400 Münster, Tel. 0251/4 01 95
Universität Oldenburg, Ammerländer Heerstr. 67-69, 2900 Oldenburg, Tel. 0441/7 30 41-49
Universität Osnabrück, Neuer Graben (Schloß), 4500 Osnabrück, Tel. 0541/60 81
Universität Passau, Residenzplatz 8, 8390 Passau, Tel. 0851/20 77
Universität Regensburg, Universitätsstr. 31, 8400 Regensburg, Tel. 0941/94 31
Pädagogische Hochschule Reutlingen, Am Hohbuch, 7410 Reutlingen 1, Tel. 07121/27 12 02
Universität des Saarlandes, Im Stadtwald, 6600 Saarbrücken, Tel. 0681/30 21
Pädagogische Hochschule, Lessingstr. 7, 7070 Schwäbisch Gmünd, Tel. 07171/60 24 16
Hochschule für Verwaltungswissenschaften, Freiherr-vom-Stein-Str. 2, 6720 Speyer, Tel. 06232/10 61
Universität Stuttgart, Keplerstr. 7, 7000 Stuttgart 1, Tel. 0711/2 07 31
Berufspädagogische Hochschule Stuttgart, Hegelplatz 1, 7000 Stuttgart 1, Tel. 0711/20 50 46 82
Universität Trier, Schneidershof, 5500 Trier, Tel. 0651/71 65 88
Eberhard-Karls-Universität Tübingen, Wilhelmstr. 7, 7400 Tübingen, Tel. 07071/2 91
Pädagogische Hochschule Weingarten, Kirchplatz 2, 7987 Weingarten, Tel. 0751/4 40 81
Bayerische Julius-Maximilians-Universität Würzburg, Sanderring 2, 8700 Würzburg, Tel. 0931/3 11

2. Musik- und Kunsthochschulen (alphabetisch nach Orten)

Hochschule der Künste Berlin, Ernst-Reuter-Platz 10, 1000 Berlin 10, Tel. 030/3 41 60 51
Hochschule für Bildende Künste, Postfach 5123, Broitzemer Str. 230, 3300 Braunschweig, Tel. 0531/8 10 05 - 8 10 09
Staatliche Hochschule für Musik Westfalen-Lippe, Allee 22, 4930 Detmold, Tel. 05231/2 69 45 - 2 69 46

Staatliche Kunstakademie Düsseldorf - Hochschule für Bildende Künste -, Eiskellerstr. 1, 4000 Düsseldorf, Tel. 0211/32 93 34
Staatliche Hochschule für Musik Ruhr, Essen, Abtei, 4300 Essen 16, Tel. 0201/4 99 21 - 4 99 23
Hochschule für Musik und Darstellende Kunst Frankfurt/Main, Eschersheimer Landstraße 29-39, 6000 Frankfurt/Main, Tel. 0611/55 08 26
Staatliche Hochschule für Bildende Künste - Städelschule -, Dürerstr. 10, 6000 Frankfurt/Main 70, Tel. 0611/62 10 91
Staatliche Hochschule für Musik, Münsterplatz 10, 7800 Freiburg, Tel. 0761/3 60 32-3 60 34
Hochschule für Bildende Künste, Lerchenfeld 2, 2000 Hamburg 76, Tel. 040/2 91 88 38 09
Hochschule für Musik und darstellende Kunst Hamburg, Harvestehuder Weg 12, 2000 Hamburg 13, Tel. 040/44 19 55 79
Hochschule für Musik und Theater Hannover, Emmichplatz 1, 3000 Hannover, Tel. 0511/3 10 01
Staatliche Akademie der Bildenden Künste, Reinhold-Frank-Str. 81, 7500 Karlsruhe 1, Tel. 0721/84 30 38
Staatliche Hochschule für Musik, Jahnstr. 11, 7500 Karlsruhe 1, Tel. 0721/1 35 32 94
Staatliche Hochschule für Musik Rheinland, Dagobertstr. 38, 5000 Köln 1, Tel. 0221/12 30 01
Musikhochschule Lübeck, Am Jerusalemsberg 4, 2400 Lübeck, Tel. 0451/3 20 82 - 3 20 83
Staatliche Hochschule für Musik Heidelberg-Mannheim, L 15,16, 6800 Mannheim, Tel. 0621/2 92 35 11
Akademie der Bildenden Künste, Akademiestr. 2, 8000 München 40, Tel. 089/39 40 57
Hochschule für Fernsehen und Film, Ohmstr. 11, 8000 München 40, Tel. 089/28 70 56
Hochschule für Musik München, Arcisstr. 12, 8000 München 2, Tel. 089/5 59 12 32
Akademie der Bildenden Künste in Nürnberg, Bingstr. 60, 8500 Nürnberg, Tel. 0911/40 50 61
Hochschule für Gestaltung Offenbach am Main, Schloßstr. 31, 6050 Offenbach, Tel. 0611/81 20 41 - 81 20 42
Musikhochschule des Saarlandes, Bismarckstr. 1, 6600 Saarbrücken 3, Tel. 0681/6 24 08
Staatliche Akademie der Bildenden Künste, Am Weißenhof 1, 7000 Stuttgart 1, Tel. 0711/25 10 61
Staatliche Hochschule für Musik und Darstellende Kunst Stuttgart, Urbanplatz 2, 7000 Stuttgart 1, Tel. 0711/2 12 48 47
Staatliche Hochschule für Musik Trossingen, Schultheiss-Koch-Platz 5, 7218 Trossingen 1, Tel. 07425/60 57-60 58
Hochschule für Musik Würzburg, Hofstallstraße 6-8, 8700 Würzburg, Tel. 0931/5 06 41

3. Philosophisch-Theologische/Kirchliche Hochschulen (alphabetisch nach Orten):
Philosophisch-Theologische Hochschule der Salesianer Don Boscos, Don-Bosco-Str. 1, 8174 Benediktbeuren, Tel. 08857/8 82 16
Kirchliche Hochschule, Teltower Damm 120-122, 1000 Berlin 37, Tel. 030/8 15 10 67, 8 15 10 69
Kirchliche Hochschule Bethel, Remterweg 45, 4800 Bielefeld 13, 0521/1 44 30 49
Kirchliche Gesamthochschule Eichstätt, Ostenstr. 26, 8078 Eichstätt, Tel. 08421/2 01
Philosophisch-Theologische Hochschule Sankt Georgen, Offenbacher Landstraße 224, 6000 Frankfurt/Main 70, Tel. 0611/6 06 12 17
Philosophisch-Theologische Hochschule - Päpstliche Theologische Fakultät, Domplatz 2, 6400 Fulda, Tel. 0661/8 72 23
Augustana-Hochschule, Waldstr. 11, 8806 Neuendettelsau, Tel. 09874/3 14
Lutherisch-Theologische Hochschule Oberursel, Altkönigstr. 150, 6370 Oberursel, Tel. 06171/5 43 40
Theologische Fakultät, Kamp 6, 4790 Paderborn, Tel. 05251/2 56 19
Theologische Fakultät Trier, Jesuitenstr. 13, 5500 Trier, Tel. 0651/7 50 11
Kirchliche Hochschule Wuppertal, Missionsstr. 9b, 5600 Wuppertal 2, Tel. 0202/8 50 05

4. Fachhochschulen (alphabetisch nach Orten)
Fachhochschule Aachen, Kurbrunnenstraße 22, 5100 Aachen, Tel. 0241/6 60 75
Fachhochschule Aalen, Beethovenstr. 1, 7080 Aalen, Tel. 07361/4 20 45
Fachhochschule Augsburg, Baumgartnerstraße 16, 8900 Augsburg, Tel. 0821/5 58 62 12
Evangelische Fachhochschule für Sozialarbeit und Sozialpädagogik Berlin, Reinerzstr. 40/41, 1000 Berlin 33, Tel. 030/8 26 40 51
Fachhochschule für Sozialarbeit und Sozialpädagogik Berlin, Karl-Schrader-Straße 6, 1000 Berlin 30, Tel. 030/2 10 52 91
Fachhochschule für Wirtschaft, Badensche Straße 50-51, 1000 Berlin 62, Tel. 030/7 83 38 03
Technische Fachhochschule Berlin, Luxemburger Straße 10, 1000 Berlin 65, Tel. 030/4 50 43 35
Fachhochschule Biberach an der Riß, Karlstraße 9/11, 7950 Biberach 1, Tel. 07351/79 91
Fachhochschule Bielefeld, Kurt-Schumacher-Straße 6, 4800 Bielefeld 1, Tel. 0521/10 61
Fachhochschule Bochum, Kortumstraße 156, 4630 Bochum 1, Tel. 0234/5 18 74
Fachhochschule Bergbau der Westfälischen Berggewerkschaftskasse, Herner Str. 45, 4630 Bochum, Tel. 0234/62 53 81
Evangelische Fachhochschule Rheinland-Westfalen-Lippe, Immanuel-Kant-Str. 18, 4630 Bochum, Tel. 0234/5 59 11
Fachhochschule Braunschweig-Wolfenbüttel, Salzdahlumerstr. 46/48, 3340 Wolfenbüttel, Tel. 05331/79 91

Hochschule für gestaltende Kunst und Musik, Am Wandrahm 23,
2800 Bremen, Tel. 0421/39 79 85
Hochschule für Nautik, Werderstraße 73, 2800 Bremen 1, Tel.
0421/3 61 40 91
Hochschule für Sozialpädagogik und Sozialökonomie, Universitätsallee,
2800 Bremen 33, Tel. 0421/2 18 33 23
Hochschule für Technik, Langemarckstr. 116, 2800 Bremen 1, Tel.
0421/5 90 52 22
Hochschule für Wirtschaft, Universitätsallee, 2800 Bremen 33, Tel.
0421/2 18 31 08
Hochschule Bremerhaven, Columbusstr. 21, 2850 Bremerhaven, Tel.
0471/2 00 73
Fachhochschule Nordostniedersachsen, Harburger Str. 7, 2150 Buxtehude,
Tel. 04161/6 10 16
Fachhochschule Coburg, Friedrich-Streib-Str. 2, 8630 Coburg, Tel.
09561/35 41
Fachhochschule Darmstadt, Schöfferstr. 3, 6100 Darmstadt, Tel.
06151/12 24 61
Evangelische Fachhochschule Darmstadt, Zweifalltorweg 12,
6100 Darmstadt, Tel. 06151/8 21 96
Fachhochschule Dortmund, Sonnenstr. 96, 4600 Dortmund 1, Tel.
0231/12 30 31
Fachhochschule Düsseldorf, Strümpellstr. 4, 4000 Düsseldorf 1, Tel.
0211/3 11 33 50
Fachhochschule Ostfriesland, Steinweg 24-26, 2970 Emden, Tel.
04921/4 20 27
Fachhochschule für Sozialwesen Esslingen, Flandernstr. 101,
7300 Esslingen, Tel. 0711/39 43 21
Fachhochschule für Technik Esslingen, Kanalstr. 22, 7300 Esslingen, Tel.
0711/3 51 11
Fachhochschule Flensburg, Munketoft 3, 2390 Flensburg, Tel. 0461/1 79 88
Fachhochschule Frankfurt, Nibelungenplatz 1, 6000 Frankfurt/Main 1, Tel.
0611/1 53 31
Bibliotheksschule Frankfurt - Fachhochschule für Bibliothekswesen,
Bockenheimer Landstraße 134-138, 6000 Frankfurt/Main
Katholische Fachhochschule für Sozialwesen und Religionspädagogik,
Wölflinstr. 4, 7800 Freiburg, Tel. 0761/20 04 76
Fachhochschule für Sozialwesen, Religionspädagogik und
Gemeindediakonie in Freiburg, Bugginger Str. 38, 7800 Freiburg-
Weingarten, Tel. 0761/4 22 41
Fachhochschule Weihenstephan, 8050 Freising, Tel. 08161/7 13 39
Fachhochschule Fulda, Marquardstr. 35, 6400 Fulda, Tel. 0661/7 70 81
Fachhochschule Furtwangen, Gerwigstr. 11, 7743 Furtwangen 1, Tel.
07723/20 51
Fachhochschule Gießen-Friedberg, Wiesenstr. 14, 6300 Gießen,
Tel. 0641/30 91
Fachhochschule Hagen, Haldener Str. 182, 5800 Hagen, Tel. 02331/80 41
Fachhochschule Hamburg, Winterhuder Weg 29, 2000 Hamburg 76, Tel.
040/29 18 81

Evangelische Fachhochschule für Sozialpädagogik der Diakonenanstalt des Rauhen Hauses, Beim Rauhen Hause 21, 2000 Hamburg 74, Tel. 040/4 12 21
Fachhochschule Hannover, Ricklinger Stadtweg 120, 3000 Hannover 91, Tel. 0511/44 42 01
Evangelische Fachhochschule in Hannover, Heimchenstr. 10, 3000 Hannover 69, Tel. 0511/55 50 74
Fachhochschule der Stiftung Rehabilitation Heidelberg, Bonhoefferstr., 6900 Heidelberg 1, Tel. 06221/88 22 58
Fachhochschule Heilbronn, Max-Planck-Str. 39, 7100 Heilbronn, Tel. 07131/5 10 61
Fachhochschule Hildesheim/Holzminden, Hohnsen 3, 3200 Hildesheim, Tel. 05121/8 10 12
Naturwissenschaftlich-Technische Akademie Prof. Dr. Grübler, Seidenstr. 16, 7972 Isny, Tel. 07562/24 27
Fachhochschule Karlsruhe, Moltkestr. 4, 7500 Karlsruhe 1, Tel. 0721/2 89 84
Fachhochschule Kempten, Bahnhofstr. 61, 8960 Kempten, Tel. 0831/2 30 71
Fachhochschule Kiel, Breiter Weg 10, 2300 Kiel, Tel. 0431/56 10 44
Fachhochschule Köln, Reitweg 1, 5000 Köln 21, Tel. 0221/8 27 51
Rheinische Fachhochschule Köln, Hohenstaufenring 16-18, 5000 Köln 1, Tel. 0221/23 97 55
Katholische Fachhochschule Nordrhein-Westfalen, Alfred-Schütte-Allee 10, 5000 Köln 21, Tel. 0221/88 10 36
Fachhochschule Konstanz, Braunegger Straße 55, 7750 Konstanz, Tel. 07531/2 10 31
Fachhochschule Niederrhein, Reinarzstr. 49, 4150 Krefeld 1, Tel. 02151/82 21
Fachhochschule Landshut, Am Lurzenhof 4, 8300 Landshut, Tel. 0871/2 10 18
Fachhochschule Lippe, Liebigstr. 87, 4920 Lemgo 1, Tel. 05261/7 10 51
Fachhochschule der Pfälzischen Landeskirche, Maxstr. 29, 6700 Ludwigshafen, Tel. 0621/51 80 08
Fachhochschule Lübeck, Stephensonstr. 3, 2400 Lübeck 1, Tel. 0451/59 88 71
Fachhochschule des Landes Rheinland-Pfalz, Seppel-Glückert-Passage 10, 6500 Mainz, Tel. 06131/2 97 27
Katholische Fachhochschule für Sozialarbeit, Sozialpädagogik und Praktische Theologie, Saarstr. 2, 6500 Mainz, Tel. 06131/3 70 31
Fachhochschule für Technik Mannheim, Speyerer Str. 4, 6800 Mannheim 1, Tel. 0621/29 21
Fachhochschule für Sozialwesen Mannheim, Huthorstweg 15-19, 6800 Mannheim 1, Tel. 0621/33 30 35
Städtische Fachhochschule für Gestaltung Mannheim, E 3,16, 6800 Mannheim 1, Tel. 0621/2 93 27 74
Archivschule Marburg - Fachhochschule für Archivwesen, Friedrichsplatz 15, 3550 Marburg
Fachhochschule München, Lothstr. 34, 8000 München 2, Tel. 089/2 36 83 12

Stiftungsfachhochschule (Fachhochschule der Stiftung Katholischer Bildungsstätten für Sozialberufe in Bayern), Preysingstr. 83, 8000 München 80, Tel. 089/4 15 62 72
Fachhochschule Münster, Gievenbecker Weg 65, 4400 Münster, Tel. 0251/8 31
Fachhochschule Nürnberg, Keßlerstr. 40, 8500 Nürnberg 16, Tel. 0911/53 31 38
Evangelische Stiftungsfachhochschule Nürnberg (Fachhochschule der Evangelischen Erziehungsstiftung Nürnberg), Burgschmietstr. 10, 8500 Nürnberg, Tel. 0911/33 10 19
Fachhochschule Nürtingen, Neckarsteige 10, 7440 Nürtingen, Tel. 07022/7 01 23 21
European Business School, Kaiserleistr. 44, 6050 Offenbach, Tel. 0611/88 46 21
Fachhochschule Offenburg, Badstr. 24, 7600 Offenburg, Tel. 0781/7 00 85
Fachhochschule Oldenburg, Ofener Str. 16, 2900 Oldenburg, Tel. 0441/7 10 86
Fachhochschule Osnabrück, Albrechtstr. 30, 4500 Osnabrück, Tel. 0541/6 08 21 00
Katholische Fachhochschule Norddeutschland, Detmarstr. 2, 4500 Osnabrück, Tel. 04441/32 08
Fachhochschule für Gestaltung Pforzheim, Holzgartenstr. 36, 7530 Pforzheim, Tel. 07231/6 32 58
Fachhochschule für Wirtschaft Pforzheim, Tiefenbronner Str. 65, 7530 Pforzheim, Tel. 07231/6 15 63
Fachhochschule Ravensburg, Deisenfangstr. 31, 7980 Ravensburg, Tel. 0751/27 38
Fachhochschule Regensburg, Prüfeninger Str. 58, 8400 Regensburg, Tel. 0941/2 30 91
Fachhochschule Reutlingen, Kaiserstr. 99, 7410 Reutlingen, Tel. 07121/12 71
Evangelische Fachhochschule für Sozialwesen, Ringelbachstr. 221, 7410 Reutlingen, Tel. 07121/2 91 08
Fachhochschule Rosenheim, Marienberger Straße 26, 8200 Rosenheim, Tel. 08031/8 65 95
Fachhochschule des Saarlandes, Saaruferstr. 66, 6600 Saarbrücken, Tel. 0681/5 40 84
Katholische Fachhochschule für Sozialwesen, Rastpfuhl 12a, 6600 Saarbrücken
Fachhochschule für Gestaltung Schwäbisch Gmünd, Rektor-Klaus-Str. 100, 7070 Schwäbisch Gmünd, Tel. 07171/60 25 03
Fachhochschule Sigmaringen, Anton-Günther-Straße 51, 7480 Sigmaringen, Tel. 07571/40 76
Fachhochschule für Bibliothekswesen Stuttgart, Feuerbacher Heide 38-42, 7000 Stuttgart 1, Tel. 0711/22 10 83
Fachhochschule für Druck, Nobelstr. 10, 7000 Stuttgart 80, Tel. 0711/7 84 28 05
Fachhochschule für Technik, Kanzleistr. 39, 7000 Stuttgart 1, Tel. 0711/20 73 26 60

Fachhochschule Ulm, Prittwitzstr. 10, 7900 Ulm, Tel. 0731/6 13 01
Fachhochschule Wedel - PTL Wedel Prof. Dr. H. Harms, Feldstr. 143,
2000 Wedel (Holstein), Tel. 04103/45 45
Fachhochschule Wiesbaden, Frankfurter Str. 28, 6200 Wiesbaden, Tel.
06121/3 99 71
Fachhochschule Fresenius Wiesbaden, Kapellenstr. 11-15,
6200 Wiesbaden, Tel. 06121/52 20 54
Fachhochschule Wilhelmshaven, Friedrich-Paffrath-Straße 101,
2940 Wilhelmshaven, Tel. 04421/86 77
Fachhochschule Würzburg-Schweinfurt, Sanderring 8, 8700 Würzburg, Tel.
0931/1 30 48

5. Gesamthochschulen

Gesamthochschule, Feldkirchenstr. 21, 8600 Bamberg, Tel. 0951/3 10 37
Gesamthochschule Duisburg, Lotharstr. 65, 4100 Duisburg, Tel. 0203/30 51
Universität Essen - Gesamthochschule, Universitätsstr. 2, 4300 Essen 1,
Tel. 0201/18 31
Fernuniversität - Gesamthochschule - in Hagen, Postfach 940,
Konkordiastr. 5, 5800 Hagen 1, Tel. 02331/80 41
Gesamthochschule Kassel, Mönchebergstr. 19, 3500 Kassel, Tel. 0561/80 41
Gesamthochschule Paderborn, Warburger Str. 100, 4790 Paderborn, Tel.
05251/6 01
Gesamthochschule Siegen, Hölderlinstr. 3, 5900 Siegen 21, Tel. 0271/74 01
Gesamthochschule Wuppertal, Gaußstr. 20, 5600 Wuppertal 1, Tel.
0202/43 91

6. Sonstige Hochschulen

Hochschule der Bundeswehr, Holstenhofweg 85, 2000 Hamburg 70, Tel.
040/65 41 27 00
Hochschule für Wirtschaft und Politik, Von-Melle Park 9,
2000 Hamburg 13, Tel. 040/4 13 21 80
Hochschule der Bundeswehr, Werner-Heisenberg-Weg 39, 8014 Neubiberg,
Tel. 089/6 00 41

40 Die Hochschulen dienen entsprechend ihrer Aufgabenstellung der Pflege
und der Entwicklung der Wissenschaft und der Künste durch Forschung,
Lehre und Studium.
Sie bereiten auf berufliche Tätigkeiten vor, die die Anwendung
wissenschaftlicher Erkenntnisse und Methoden oder die Fähigkeit zu
künstlerischer Gestaltung erfordern. Hierzu gehört auch die Förderung des
wissenschaftlichen und künstlerischen Nachwuchses sowie das
weiterbildende Studium.
Diese Aufgaben, deren Wahrnehmung in Freiheit vom Grundgesetz
garantiert wird, wurden für alle staatlichen Hochschulen in dem vom
Deutschen Bundestag mit Zustimmung des Bundesrates verabschiedeten
Hochschulrahmengesetz festgelegt, das im Januar 1976 in Kraft getreten ist
und nach dessen Vorschriften bis 1979 entsprechende Landesgesetze zu
erlassen sind. In diesem Rahmengesetz ist zudem eine Neuordnung des
Hochschulwesens vorgesehen, die eine Zusammenführung der
verschiedenen Hochschulen durch Integration oder Kooperation als

Gesamthochschulen anstrebt oder zumindest ihr Zusammenwirken sichern soll. In den durch Integration entstehenden Gesamthochschulen erfolgt die Differenzierung nicht mehr nach institutionellen Kriterien, sondern nach Studiengängen

41 Die Hochschulen fördern die internationale, inbesondere die europäische Zusammenarbeit im Hochschulbereich und den Austausch zwischen deutschen und ausländischen Hochschulen; sie berücksichtigen die besonderen Bedürfnisse ausländischer Studenten.
Bei der Erfüllung ihrer Aufgaben im internationalen Bereich werden die Hochschulen unterstützt durch die Landeskulturverwaltungen, die Bundesministerien für Bildung und Wissenschaft sowie für Forschung und Technologie, den Deutschen Akademischen Austauschdienst, die Alexander von Humboldt-Stiftung, die internationalen Abteilungen der Westdeutschen Rektorenkonferenz und der Deutschen Forschungsgemeinschaft, sowie durch zahlreiche andere staatliche und private Einrichtungen.
Die einzelnen Maßnahmen zur Förderung der internationalen akademischen Mobilität wie die Betreuung ausländischer und die Beratung deutscher Hochschulangehöriger, die Betreuung von Hochschulpartnerschaften etc. obliegt an einigen Hochschulen (in der Regel den Universitäten und Technischen Hochschulen/Universitäten) den Akademischen Auslandsämtern

084
20 **HWWA-Institut für Wirtschaftsforschung - Hamburg**
21 HWWA
23 Neuer Jungfernstieg 21, 2000 Hamburg 36
24 040/3 56 21   2 11 458 hwwa d
26 1908
35 250
40 Forschung in den Bereichen Wirtschaftsordnung und Wirtschaftssysteme, Konjunktur und Statistik, Finanzpolitik und Raumordnung, Außenwirtschaft und Integrationspolitik, Entwicklungspolitik und Internationale Währungspolitik, Internationale Rohstoffpolitik; Sammlung sowie katalogmäßige und archivmäßige Erschließung des relevanten Schrifttums sowie dokumentarische Verbreitung von Wirtschaftsinformationen
50 1. Wirtschafts- und Sozialwissenschaften;
die Bibliothek ist Depository Library der UNO, der FAO, des GATT, der OECD und der EG.
51 ca. 750.000 Bände; ca. 9.000 Jahrbücher; ca. 3.600 Zeitschriften; ca. 70 Tageszeitungen

52	Literaturdokumentation; Datendokumentation
53	Archiv: Presse, Bildträger
54	Informationserteilung; Abgabe von Fotokopien gegen Kostenerstattung
55	Neuerwerbungsliste der Bibliothek; HWWA-Report; Quartalsbericht über die „Abgeschlossenen Arbeiten" des Instituts; Tätigkeitsbericht; Vieteljahresschrift „Finanzierung und Entwicklung"
56	Weltkonjunkturdienst, 4-mal jährlich; Wirtschaftsdienst - Wirtschaftspolitische Monatszeitschrift; Intereconomics - Bimonthly Review of International Trade and Development, Bibliographie der Wirtschaftspresse, monatlich; Konjunktur von Morgen, 2-mal monatlich. Diese Zeitschriften sowie die Monographien des HWWA erscheinen im Verlag Weltarchiv, Hamburg.

085

20	**Ibero-Amerikanisches Institut Preußischer Kulturbesitz**
21	IAI
23	Potsdamer Str. 37, 1000 Berlin 30
24	030/2 66 25 00
26	1930
31	Dr. Wilhelm Stegmann (Direktor)
35	70
40	Forschungsinstitut und öffentliche wissenschaftliche Bibliothek für Ibero-Amerika, Spanien und Portugal (größte europäische Spezialbibliothek)
50	Ibero-Amerika, Spanien und Portugal. Lateinamerikanisches Recht; Landkarten; volkskundliche Sammlungen
51	ca. 470.000; ca. 2.700 Zeitschriften
52	Literaturdokumentation
53	Archiv: Presse, Bildträger, Tonträger
54	Bibliographischer Auskunftsdienst; Abgabe von Fotokopien gegen Kostenerstattung; Buchausleihe
56	Zeitschriften: Iberoamerikanisches Archiv; Indiana; Ensayos y Estudios/Ensaios e Estudos, 2-monatlich;

Schriftenreihen:
Bibliotheca Ibero-Americana; Miscellanea Ibero-Americana; Monumenta Americana; Quellenwerke zur alten Geschichte Amerikas, aufgezeichnet in den Sprachen der Eingeborenen; Stimmen indianischer Völker; Schlagwortkatalog des Ibero-Amerikanischen Instituts Preußischer Kulturbesitz. Boston: G. K. Hall und Co.

086

- 20 **Ifo-Institut für Wirtschaftsforschung, Abteilung Entwicklungsländer/Afrika-Studienstelle**
- 21 Ifo
- 23 Poschingerstr. 5, 8000 München 86
- 24 089/92 24-1   5 22 269
- 26 1949 (Institut); 1961 (Abteilung Afrika)
- 31 Priv.-Doz. Dr. Hans-Gert Braun
- 35 13
- 40 Erforschung wirtschaftstheoretischer und wirtschaftspolitischer Probleme mit den Schwerpunkten:
  Handels-, Finanz- und Währungspolitik; Volkswirtschaftliche Gesamtrechnung;
  Einkommensverteilung; Industrialisierungsstrategien; Probleme der Verlagerung arbeits- und rohstoffintensiver Industrien in Entwicklungsländer; Integrations- und Assoziierungsfragen; Analyse von Entwicklungsplänen;
  Analyse ausgewählter Bereiche der landwirtschaftlichen Entwicklungspolitik;
  ökologische Fragen der Entwicklungspolitik;
  Erstellung von Regionalstudien
- 50 1. Afrika
- 51 20.000
- 55 Mitteilungen der Entwicklungsländer/Afrika-Studienstelle, 2-mal jährlich; Informationsschrift über die Abteilung; Buchprospekt
- 56 Schriftenreihen:
  Afrika-Studien; Forschungsberichte; Ifo-Studien zur Entwicklungsforschung. München: Weltforum Verlag

087

- 20 **Institut für Afrika-Kunde**
- 21 IAK

23	Neuer Jungfernstieg 21, 2000 Hamburg 36
24	040/3 56 25 23-24
26	1963
31	Dr. Rolf Hofmeier
32	Verbund der Stiftung Deutsches Übersee-Institut, Hamburg
35	15
40	Erforschung der Lebensverhältnisse in Afrika im Interesse einer Vertiefung der wissenschaftlichen, kulturellen und wirtschaftlichen Beziehungen zwischen der Bundesrepublik Deutschland und den afrikanischen Ländern, Völkern und Institutionen
50	1./2. Politik; Wirtschaft; Sozialwissenschaften
51	18.000; 400 Periodika (darunter Tageszeitungen, Zeitschriften und Amtsanzeiger aus Afrika)
52	Literaturdokumentation; Datendokumentation
54	Informationserteilung; Abgabe von Fotokopien gegen Kostenerstattung
55	Neuerwerbungsliste der Bibliothek
56	Schriftenreihe: Hamburger Beiträge zur Afrika-Kunde (HABAK). Arbeiten aus dem Institut für Afrika-Kunde; Afrika Spectrum. Deutsche Zeitschrift für moderne Afrika-Forschung

088
Institut für allgemeine Überseeforschung

21	IAÜ
23	Neuer Jungfernstieg 21, 2000 Hamburg 36
24	040/3 56 25 93-5
26	1964
32	Verbund Stiftung Deutsches Übersee-Institut
35	10
40	Multi-disziplinäre Forschung im Bereich internationaler (Wirtschafts-) Beziehungen und Entwicklungsproblematiken; Erforschung übergreifender politischer, wirtschaftlicher und sozialer Aspekte internationaler Kooperation; grundsätzliche überregionale (nicht regionsspezifische) Orientierung unter besonderer Berücksichtigung komparativer Fragestellungen; enge Zusammenarbeit mit den Regionalinstituten der Stiftung Deutsches Übersee-Institut, die regionalspezifische Forschung betreiben;

	Wahrnehmung von Aufgaben im Bereich der Koordinierung der Forschung des Institutsverbundes
55	Forschungsbericht der Institute der Stiftung Deutsches-Übersee-Institut, Hamburg 1977; Mitteilungen des Verbundes Stiftung Deutsches Übersee-Institut, 4-mal jährlich; Verbund Stiftung Deutsches Übersee-Institut Hamburg. Organisation, Aufgaben und Ziele in Forschung und Dokumentation
56	Reihe: Weltwirtschaft und Internationale Beziehungen. Studien und Diskussionsbeiträge. München: Weltforum Verlag

089

20	Institut für Asienkunde
21	IfA
23	Rothenbaumchaussee 32, 2000 Hamburg 13
24	040/44 30 01-03
26	1956
31	Dr. Werner Draguhn
32	Verbund der Stiftung Deutsches Übersee-Institut, Hamburg
35	30
40	Erforschung der gegenwärtigen politischen, wirtschaftlichen und sozialen Entwicklung der Länder Asiens
50	1. Politik; Wirtschaft; Sozialwissenschaften
51	30.000
52	Literaturdokumentation; Datendokumentation
53	Archiv: Presse
54	Informationserteilung und Abgabe von Fotokopien gegen Kostenerstattung; Buchausleihe
55	Sonderdrucke des Instituts für Asienkunde
56	Monatszeitschrift „China aktuell"; Vierteljahresschrift „North Korea Quarterly"; Schriften des Instituts für Asienkunde; Mitteilungen des Instituts für Asienkunde; Sonderveröffentlichungen des Instituts für Asienkunde

090
20 Institut für Auslandsbeziehungen
21 IfA
23 Charlottenplatz 17, 7000 Stuttgart 1
24 0711/22 17 66 und 22 17 60   07-23 772
26 1917
31 Minister a.D. Prof. DDr. Wilhelm Hahn (Vorsitzender des Vorstandes)
Stadtdirektor a. D. Dr. Hans Schumann (Vorsitzender des Verwaltungsrats)
Dr. Michael Rehs (Generalsekretär)
Arbeitsgruppe 1: Regionale Zusammenarbeit: Ernst J. Tetsch
Arbeitsgruppe 2: Bibliothek und Dokumentation: Gertrud Kuhn
Arbeitsgruppe 3: Publizistik und Auslandsbuchversorgung: Ernst J. Tetsch
Arbeitsgruppe 4: Ausstellungen und Medienverbund: Hermann Pollig
Arbeitsgruppe 5: Deutschland-/Auslandkunde, Informations- und Öffentlichkeitsarbeit: Christian Doehler

35 71

40 Förderung der Kulturbeziehungen mit dem Ausland durch Austausch von Informationen; im einzelen:
1. Bereitstellung auslandskundlicher Literatur; Dokumentation zur auswärtigen Kulturpolitik
2. Organisation und Administration deutscher Ausstellungen im Ausland; Durchführung ausländischer Ausstellungen im institutseigenen "Forum für Kulturaustausch" und in der Bundesrepublik Deutschland
3. IfA-Kontaktstelle in Bonn zur Organisation und Vermittlung ausländischer Ausstellungen und Kulturveranstaltungen aus der Dritten Welt
4. Multimediale Öffentlichkeitsarbeit auf internationalen Messen und Informations-Veranstaltungen im Ausland
5. Vorbereitungsseminare für Fach- und Führungskräfte aus Industrie und Handel zum Einsatz in Entwicklungsländern
6. Veranstaltung von wissenschaftlichen Kolloquien; von deutschlandkundlichen und auslandskundlichen Informationsseminaren und Fachtagungen
7. Erarbeitung von Planungsmethoden zur auswärtigen Kulturpolitik
8. Deutschlandkundliche Diathek in Zusammenarbeit mit dem Goethe-Institut München auf der Basis von Bedarfsanalysen
9. Bereitstellung deutschland- und auslandskundlicher Dias und Schwarz-Weiß-Fotos
10. Beratung von Auswanderern und Auslandstätigen
11. Buch- und Zeitschriftenprogramme
12. Austauschprogramme, Fachgruppenreisen, Städtepartnerschaften, Begegnungsveranstaltungen der Regionalreferate
13. Durchführung von Sprachkursen für Ausländer

50 1./2./3. Auslandskunde; Auswärtige Kulturpolitik; Kultur- und Völkerpsychologie, Probleme der Entwicklungs- und Bildungshilfe; Geschichte der Auswanderung und des Auslanddeutschtums; Wanderungsfragen und Minderheitenprobleme; deutsche Sprache im Ausland; deutschsprachige Presse im Ausland

51 ca. 270.000 Bände, ca. 4.900 regelmäßig eingehende Zeitschriften und Zeitungen

52 Literaturdokumentation; Bilddokumentation; Datendokumentation

53 Archiv: Presse; Archivalien zur Kulturpolitik; Bildträger

54 Abgabe von Fotokopien und Buchausleihe gegen Kostenerstattung, deutscher und internationaler Leihverkehr

55 Tätigkeitsberichte, Bücherverzeichnisse, Planungsunterlagen für die Ausstellungstätigkeit, Informationen zur Ausstellungsplanung, Schriftenreihe "Dokumentation" (diese Veröffentlichungen werden teilweise mit Schutzgebühr abgegeben)

56 Zeitschrift für Kulturaustausch; Schriftenreihen: "Geistige Begegnung", "Deutsch-ausländische Beziehungen", "Literarisch-künstlerische Reihe", "Wissenschaftlich-publizistische Reihe", "Ländermonographien"

091

20 Institut für Deutsche Sprache

21 IdS

23 Postfach 54 09, Friedrich-Karl-Str. 12, 6800 Mannheim

24 0621/4 40 11

26 1964

31 Dr. Gerhard Stickel (Geschäftsführender Direktor)

33 Forschungsstelle Deutsches Spracharchiv, Adenauerallee 113, 5300 Bonn 1
Forschungsstelle für öffentlichen Sprachgebrauch, Kaiserstr. 46, 5300 Bonn 1
Redaktion „Germanistik", Pfrondorfer Str. 4, 7400 Tübingen
Außenstelle Innsbruck, c/o Institut für deutsche Philologie, Innrain 52, A-6020 Innsbruck/Österreich

35 Inland: 92, Ausland: 5
dazu studentische und externe Hilfskräfte Inland: 36, Ausland: 3

40 Erforschung und Dokumentation der deutschen Sprache der Gegenwart: Grammatik und Lexik; kontrastive Linguistik; linguistische Datenverarbeitung; zentrale wissenschaftliche Dienste: Informations- und Dokumentationsstelle für die germanistische Sprachwissenschaft (im Aufbau), Bibliographie- und Referateorgan „Germanistik", Deutsches Spracharchiv usw.

41	Erarbeitung kontrastiver Grammatiken: deutsch-französisch, deutsch-japanisch, deutsch-spanisch, deutsch-serbokroatisch, deutsch-rumänisch, weitere geplant
50	1. Allgemeine und germanistische Sprachwissenschaft, Soziolinguistik, Sprachkontakte, öffentlicher Sprachgebrauch /3. Tonbandaufnahmen deutscher Sprache (Allgemeinsprache, Umgangssprache, Dialekte), maschinenlesbarer Korpus der geschriebenen und gesprochenen deutschen Gegenwartssprache
51	40.000
52	Literaturdokumentation; Datendokumentation
53	Archiv: Tonträger
54	Informationserteilung und Abgabe von Fotokopien gegen Kostenerstattung
56	Bibliographie und Referateorgan „Germanistik"; Zeitschrift „Deutsche Sprache"; „Forschungsberichte des Instituts für deutsche Sprache"; Schriftenreihe „Sprache der Gegenwart"; Schriftenreihe „Heutiges Deutsch"; Schriftenreihe „Phonai"; „Mitteilungen des Instituts für deutsche Sprache"; „Deutsche Sprache in Europa und Übersee"

092

20	**Institut für Europäische Geschichte**
23	Alte Universitätsstr. 19, 6500 Mainz
24	06131/2 48 70 und 2 61 43
26	1950
31	Prof. Dr. Dr. Peter Meinhold (Abteilung Religionsgeschichte) Prof. Dr. Karl Otmar Freiherr von Aretin (Abteilung Universalgeschichte)
35	28
40	Erforschung der abendländischen Religionsgeschichte, bes. der Reformation, ihrer Voraussetzungen, ihres Wesens und ihrer geschichtlichen Wirkungen. Erforschung der übernationalen Entwicklungslinien der europäischen Geschichte, bes. in der Neuzeit. Betreuung und Ausbildung von jungen Wissenschaftlern aus dem In- und Ausland (Stipendiaten).
50	1. Europäische Geschichte (Religionsgeschichte)
51	ca. 100.000 Bände
54	Informationserteilung
56	bisher ca. 90 Bände

093
20 Institut für Iberoamerika-Kunde
21 IIK
23 Alsterglacis 8, 2000 Hamburg 36
24 040/41 20 11   2 15 693 ibero d
26 1962
31 Dr. Albrecht von Gleich
32 Verbund der Stiftung Deutsches Übersee-Institut, Hamburg
35 22
40 Erforschung der gegenwärtigen politischen, wirtschaftlichen und sozialen Entwicklung Lateinamerikas mit folgenden Schwerpunkten: Außenwirtschaftliche Beziehungen Lateinamerikas zu Europa und speziell zur Bundesrepublik Deutschland; Exportförderung; ausländische Direktinvestitionen; Entwicklungsfinanzierung; Industrieentwicklung unter besonderer Berücksichtigung kleiner und mittlerer Unternehmen; regionale Entwicklung und zwischenstaatliche Integration; landwirtschaftliche Entwicklung; außenpolitische Beziehungen der lateinamerikanischen Länder untereinander sowie zu den USA und Europa; Technologie-, Wissenschafts- und Bildungspolitik
51 8.000
52 Literaturdokumentation; Datendokumentation
53 Archiv: Presse
54 Informationserteilung; Abgabe von Fotokopien
55 Jahresbericht
56 Schriftenreihe des Instituts für Iberoamerika-Kunde; Reihe Private Auslandsinvestitionen in Lateinamerika; Arbeitsunterlagen und Diskussionsbeiträge

094
20 Institut für wissenschaftliche Zusammenarbeit mit Entwicklungsländern
21 IWZE

23	Landhausstr. 18, 7400 Tübingen
24	07071/2 18 82 und 2 62 46
26	1965
31	Prof. Dr. H. Brunner (1. Vorsitzender) Prof. Dr. H. W. Bähr (2. Vorsitzender) Dr. J. Hohnholz (Geschäftsführendes Vorstandsmitglied)
35	25
40	Vermittlung von geeignetem entwicklungsbezogenem Berufs- und Forschungswissen an Fachkräfte, Wissenschaftler, Institute, Lehrkräfte, Planungsbehörden und Lehrerbildungseinrichtungen in Entwicklungsländern durch Kommunikationsmittel in englischer und spanischer Sprache, in folgenden Fachbereichen: Angewandte Naturwissenschaften (einschließlich Landtechnik und Landwirtschaft, Wasserbau, Tier- und Pflanzenzucht); Regional- bzw. Länderforschung; Internationales Recht, Internationale Geschichte; Sprachen; Finanzwissenschaft; Vergleichende Erziehungswissenschaft und Soziologie; Ernährungswissenschaft und Gesundheitswesen
50	1./2./3. Angewandte Naturwissenschaften
52	Literaturdokumentation
53	Archiv: Presse
54	Informationserteilung und Buchausleihe; Abgabe von Fotokopien gegen Kostenerstattung
55	Zusammenstellungen deutscher wissenschaftlicher Aufsätze mit folgenden Titeln (erscheinen jeweils 2-mal jährlich): Applied Sciences and Development; Natural Resources and Development; Plant Research and Development; Animal Research and Development; Law and State; Economics; Education
56	German Studies - German-Language Research. A Current Survey. Section I: Philosophy and History Section II: Modern Law and Society Section III: Literature, Music, Fine Arts Section IV: Mundus - A Quarterly Review on German Research Contributions on Asia, Africa and Latin America. Arts and Science.

095

20 Inter Nationes e.V.

21 IN

23 Kennedyallee 91-103, 5300 Bonn 2

24 02221/88 01   8 5 481

26 1952

31 Dr. Götz Fehr; Dr. Horst Schirmer (ab 1.10.1979) (Geschäftsführer)

35 176

40 IN will die Beziehungen zwischen der Bundesrepublik Deutschland und dem Ausland im Sinne einer friedlichen Zusammenarbeit festigen, durch geeignete Maßnahmen das Verständnis für Deutschland im Ausland vertiefen und gleichgerichtete Bestrebungen fördern.
Im Sinne dieser Aufgabe stellt IN den wichtigsten Trägern der Kultur- und Informationsarbeit im Ausland (Kultur- und Pressereferenten der Auslandsvertretungen, Kulturinstituten im Ausland, ausländischen Institutionen, Germanisten, Redakteuren etc.) geeignetes Material zur Verfügung, darunter:
Dokumentar- und Spielfilme; Tonbänder für den deutschen Sprachunterricht;
Fachdienste für ausländische Presseorgane zu Themen wie Bildung und Wissenschaft, Kulturaustausch, Entwicklungshilfe, Sozialpolitik etc.;
Bilddienste und Bild-Dokumentationen;
Informationsschriften über aktuelle Themen aus Politik, Wissenschaft, Wirtschaft und Kultur.
Im Einvernehmen mit dem Presse- und Informationsamt der Bundesregierung (Auslandsabteilung) und dem Auswärtigen Amt (Kulturabteilung) betreut IN die von den Auslandsvertretungen eingeladenen Teilnehmer an Informationsreisen durch die Bundesrepublik Deutschland

50 1. Deutschlandkunde; Nachschlagewerk /3. Bundesrepublik Deutschland - DDR, einschließlich aller bi- und multilateralen Beziehungen

51 23.500

53 Archiv: Presse, Bildträger

54 Informationserteilung; Abgabe von Fotokopien

096
20 Interdisziplinärer Arbeitskreis für Entwicklungsländerforschung
21 IAfEF
23 z.Zt. Institut für Interntionale Solidarität der Konrad-Adenauer-Stiftung, Rathausallee 12, 5205 St. Augustin
24 02241/19 61
26 1967
31 Vorstand:
Dr. Dieter Benecke (Geschäftsführer)
Dr. K. W. Menck; Prof. Ringer
40 Interdisziplinärer Zusammenschluß von Instituten, die im Bereich der Entwicklungsländerforschung tätig sind, zur Förderung der gegenseitigen Information;
Vertretung gemeinsamer Interessen im Bereich der Wissenschaftspolitik;
Pflege der internationalen Kontakte mit Entwicklungsforschern;
Förderung des wissenschaftlichen Nachwuchses durch interdisziplinäre Arbeiten;
Bildung von Arbeitsgemeinschaften zur Behandlung spezieller vornehmlich interdisziplinärer Fragen;
Veranstaltung von Tagungen mit entwicklungspolitischer Thematik
54 Informationserteilung
55 iafef-texte

097
20 Katholischer Akademischer Ausländer-Dienst
21 KAAD
23 Reuterstr. 39, 5300 Bonn 1
24 02221/21 60 51
26 1958
31 Dr. Paul Becher (Vorsitzender)
Hans Reiner Limbach (Geschäftsführer)
35 11

40	Förderung von Studenten aus Entwicklungsländern durch Vergabe von Stipendien; Studienberatung; Studienbegleitende Bildungsmaßnahmen durch Veranstaltung von Seminaren mit wirtschaftlicher, politischer oder religiöser Thematik; Reintegrationshilfe für Studienabsolventen durch Veranstaltung von Seminaren; Nachkontaktarbeit mit ehemaligen Stipendiaten
55	KAAD-Korrespondenz; KAAD-Seminarberichte

098

20	Kernforschungsanlage Jülich GmbH
21	KFA
23	Postfach 1913, 5170 Jülich
24	02461/6 11 833 556 kfa d
26	1956
31	Prof. Dr. K.H. Beckurts (Vorstandsvorsitzender) Dr. H. Slemeyer (Stellvertretender Vorstandsvorsitzender) Dr. R. Theenhaus und Dr. P. Engelmann (Vorstandsmitglieder)
32	Arbeitsgemeinschaft der Großforschungseinrichtungen (AGF)
35	ca. 3.800
40	Kernforschung und kerntechnische Entwicklung unter Verfolgung ausschließlich friedlicher Zwecke. Die Ergebnisse der wissenschaftlichen Arbeiten werden veröffentlicht.
50	1./2./3. Kernforschung, Kerntechnik, nichtnukleare Energieforschung, Umwelt, Lebens- und Geowissenschaften
51	500.000 Titel
52	Literaturdokumentation
53	Archiv: Presse
54	Informationserteilung, Buch- und Zeitschriftenausleihe; Abgabe von Fotokopien gegen Kostenerstatttung
55	Kostenlose Veröffentlichungen im Tauschverkehr

099

20	Kernforschungszentrum Karlsruhe GmbH
21	KfK
23	Weberstr. 5, 7500 Karlsruhe

24	07247/8 21 7 826 484
26	1956
31	Vorstand: Dr. Harde (Vorstandsvorsitzender) Dr. Wagner (stellv. Vorsitzender) Dr. Hennies; Prof. Dr. Böhm; Prof. Dr. Klose
32	Arbeitsgemeinschaft der Großforschungseinrichtungen (AGF), Bonn
35	3.200
40	Errichtung und Betrieb von Forschungs- und Entwicklungsanlagen zur Gewinnung, Sammlung und Auswertung wissenschaftlicher und technischer Kenntnisse und Erfahrungen im Interesse der Allgemeinheit; Errichtung von kerntechnischen Versuchsanlagen und Durchführung von Versuchs- und Betriebsprogrammen in Zusammenarbeit mit Unternehmen der Wirtschaft; Förderung der praktischen Ausbildung wissenschaftlichen und technischen Nachwuchses
50	1. Naturwissenschaften
51	104.000 Bände und 350.000 Berichte
52	Literaturdokumentation
53	Archiv: Fachzeitschriften
54	Informationserteilung und Abgabe von Fotokopien
55	KfK Berichte; KfK Nachrichten; Berichte der Projektträgerschaft Prozeßlenkung mit DV-Anlagen (PDV); Berichte der Projektträgerschaft Rechnerunterstütztes Entwickeln und Konstruieren (CAD)

100

20	**Kommission für den Studenten- und Dozentenaustausch zwischen der Bundesrepublik Deutschland und den Vereinigten Staaten von Amerika**
21	Fulbright-Kommission
22	Commission for Educational Exchange between the United States of America and the Federal Republic of Germany
23	Postfach 208, Theaterplatz 1A, 5300 Bonn 2
24	02221/36 41 68, 36 63 55-56
26	1952

31 Gewählter Vorsitzender: Gesandter Dr. William Woessner
Schatzmeister: John Daly (Culturattaché)
Geschäftsführender Direktor: Dr. Ulrich Littmann

35 12

40 Akademischer Austausch USA-Bundesrepublik (Professoren, Lehrer, Studenten); Sonderprogramme für Bildungsexperten, Versuchsprogramme für Fachhochschulen. Studienberatung USA für Deutsche; Beratung von Amerikanern. Gutachten. Förderung von deutscher Landeskunde in USA und Amerika-Studien in Deutschland

54 Informationserteilung kostenlos

55 Studienführer USA (in Verbindung mit DAAD; 4. Aufl. 1979)

101
20 Konrad-Adenauer-Stiftung e.V.

21 KAS

23 Rathausallee 12, 5205 St. Augustin 1

24 02241/19 61   8 89 727 kas d

26 1964

31 Dr. Bruno Heck, MdB (Vorsitzender)
Dr. Manfred Wörner, MdB (stellv. Vorsitzender)
Karl-Heinz Bilke (Hauptgeschäftsführer)
Josef Thesing (Büro für internationale Zusammenarbeit)
Institute:
Politische Akademie Eichholz, Postfach, 5047 Wesseling/Eichholz, Tel.: 02236/7 07-1, Leiter: Dr. Bernhard Gebauer
Institut für Begabtenförderung, St. Augustin, Leiter: Staatssekretär a. D. Dr. Heinrich Barth
Institut für Internationale Solidarität, St. Augustin, Leiter: Dr. Lothar Kraft
Institut für Kommunalwissenschaften, St. Augustin, Leiter: Dipl.-Volksw. Franz Schuster
Sozialwissenschaftliches Forschungsinstitut, St. Augustin, Leiter: Dr. Hans Rühle
Archiv für Christlich-Demokratische Politik, St. Augustin, Leiter: Dr. Klaus Gotto
Bildungswerk, 5047 Wesseling/Eichholz, Tel. 02236/7 07-1, Leiter: Günther Rüther

35 Inland: 295, Ausland: 42

40 Politische Informationen und politischer Erfahrungsaustausch, Interpretation politischer und sozialer Probleme und ihrer alternativen Lösungsmöglichkeiten und Orientierung über christlich-demokratische Politik; Vergabe von Stipendien an in- und ausländische Studenten,

Graduierte und Wissenschaftler; Veranstaltung von Seminaren und Auslandsstudienreisen zum fachlichen und politischen Gedankenaustausch der Stipendiaten;
Forschung und Erstellung von Analysen im Bereich der Sozialwissenschaften und Kommunalwissenschaften;
Historische Forschung über die christlich-demokratische Bewegung

51 22.000

53 Archiv: Presse

54 Informationserteilung

55 Jahresbericht; Presseinformation der KAS;
Zeitschrift „Overseas Indian. Information. Kooperation. Diskussion für Inder in Deutschland", 4-mal jährlich. Hrsg.: Institut für Begabtenförderung und Bundesvereinigung der indischen Gesellschaften; iis-info. Auslandsinformationen, 2-mal monatlich. Hrsg. Institut für Internationale Solidarität

102
20 Kübel Stiftung GmbH

23 Darmstädter Str. 100, 6140 Bensheim

24 06251/7 10 01

26 1966

31 Dr. Franz Rüters (Geschäftsführer)

35 Inland: 17, Ausland: 4

40 Unterstützung und Durchführung von Entwicklungsprojekten nach dem Prinzip „Hilfe zur Selbsthilfe" mit Schwerpunkt in den Bereichen: Sozialstrukturhilfe, Community Development, integrierte ländliche Entwicklung;
Durchführung von 5-monatigen Lehrgängen zum Thema: Internationale Management-Praxis für Absolventen deutscher Hochschulen aus Entwicklungsländern zur Förderung ihrer Reintegration;
Ausschreibung und Verleihung des „Bensheimer Preises für internationale Zusammenarbeit" zur Auszeichnung beispielhafter Vorhaben der deutschen Entwicklungshilfe;
Förderungswerk für rückkehrende Fachkräfte der Entwicklungshilfe: Seminare, Bildungsinformation und Studienförderung für diesen Personenkreis.
ASA-Programm:
Durchführung von Arbeits- und Studienaufenthalten (3 Monate) in Afrika, Asien und Lateinamerika für Studenten aller Fachrichtungen

55 Bildungsinformationen für Entwicklungshelfer (bisher 12 Hefte)

56 Die Dritte Welt im Unterricht, Bensheim 1974;
Fred V. Göricke und Erich Spiegel: Planning Community Development Centres in Kandara/Kenya;
Technologietransfer oder Technologie der Entwicklungsländer. Bensheim 1974;
Förderungswerk für rückkehrende Fachkräfte der Entwicklungshilfe. Aufgaben und Tätigkeiten des Förderungswerkes. Bensheim, 1974;
„Schriften der Kübel-Stiftung" und „Kübel-Stiftung Texte", Bensheim

103
20 Max-Planck-Gesellschaft zur Förderung der Wissenschaften e. V.

21 MPG

23 Akademiestraße 1a, 8000 München 2

24 089/2 10 81   5 22 203

26 1948 in unmittelbarer Rechtsnachfolge zur 1922 gegründeten Kaiser-Wilhelm-Gesellschaft

31 Prof. Dr. Reimar Lüst (Präsident)
Dietrich Ranft (Generalsekretär)

33 Institute
— Biologie und Medizin:
Max-Planck-Institut für Biochemie, Am Klopferspitz 18a, 8033 Martinsried bei München, Tel. 089/8 58 51, Telex 5 21 740
Max-Planck-Institut für Biologie, Corrensstraße 38, 7400 Tübingen, Tel. 07071/60 12 36 und 60 12 37
Max-Planck-Institut für Biophysik, Kennedyallee 70, 6000 Frankfurt/Main, Tel. 0611/6 30 31; Heinrich-Hoffmann-Straße 7, 6000 Frankfurt/Main-Niederrad, Tel. 0611/6 68 41 (Abt. Zellphysiologie)
Max-Planck-Institut für Ernährungsphysiologie, Rheinlanddamm 01, 4600 Dortmund 1, Tel. 0231/1 20 61
Max-Planck-Institut für medizinische Forschung, Jahnstraße 29, 6900 Heidelberg, Tel. 06221/48 61, Telex 4 61 505
Max-Planck-Institut für Physiologische und Klinische Forschung, W. G. Kerckhoff-Institut, Parkstraße 1, 6350 Bad Nauheim, 06032/60 15
Max-Planck-Institut für molekulare Genetik, Ihnestraße 63-73, 1000 Berlin 33, Tel. 030/8 30 71
Max-Planck-Institut für Hirnforschung, Deutschordenstraße 46, 6000 Frankfurt/Main-Niederrad, Tel. 0611/6 68 41; Ostmerheimerstraße 200, 5000 Köln-Merheim, Tel. 0221/89 20 91 (Abt. für allgemeine Neurologie)
Max-Planck-Institut für Immunbiologie, Stübeweg 51, 7800 Freiburg-Zähringen, Tel. 0761/5 05 52

Max-Planck-Institut für biologische Kybernetik, Spemannstraße 38,
7400 Tübingen, Tel. 07071/60 11
Max-Planck-Institut für Limnologie, August-Thienemann-Straße 2,
2320 Plön, Tel. 04522/6 61; Steinweg 21, 6407 Schlitz, Tel. 06642/3 83
(Zweigstelle)
Max-Planck-Institut für experimentelle Medizin, Hermann-Rein-Straße 3,
3400 Göttingen, Tel. 0551/30 31
Max-Planck-Institut für Pflanzengenetik, Rosenhof, 6802 Ladenburg bei
Heidelberg, Tel. 06203/50 97
Max-Planck-Institut für Psychiatrie (Deutsche Forschungsanstalt für
Psychiatrie), Kraepelinstr. 2 und 10, 8000 München 40, Tel. 089/38 10 21
Forschungsstelle für Psychopathologie und Psychotherapie in der
Max-Planck-Gesellschaft, Montsalvatstraße 19, 8000 München 40, Tel.
089/36 30 37
Max-Planck-Institut für Systemphysiologie, Rheinlanddamm 201,
4600 Dortmund, Tel. 0231/1 20 61, Telex 8 227 147
Forschungsstelle Vennesland, Harnackstraße 23, 1000 Berlin 33, Tel.
030/8 32 50 91
Max-Planck-Institut für Verhaltensphysiologie, 8131 Seewiesen, Tel.
08157/81 21; 8131 Erling/Andechs, Tel. 08152/80 66 (Abt. Aschoff);
Enzianweg 12, 8136 Percha, Tel. 08151/70 77 (Forschungsstelle
Humanethologie); Boettinger Weg 37, 5600 Wuppertal 1, Tel.0202/74 21 71
(Forschungsgruppe Wuppertal); Am Schloßberg, 7761 Möggingen, Tel.
07732/26 77 (Vogelwarte Radolfzell)
Max-Planck-Institut für Virusforschung, Spemannstraße 35,p= 7400
Tübingen, Tel. 07071/60 11, Telex 7 262 873
Max-Planck-Institut für Zellbiologie, Anton-Dohm-Weg,
2940 Wilhelmshaven 1, Tel. 04421/4 16 99
Max-Planck-Institut für Züchtungsforschung (Erwin-Baur-Institut),
Engelspfad, 5000 Köln 30, Tel. 0221/50 80 44
— Chemie, Physik, Technologie:
Max-Planck-Institut für Aeronomie, Postfach 20, 3411 Katlenburg-
Lindau 3, Tel. 05556/4 11, Telex 9 65 527
Max-Planck-Institut für Astronomie, Königstuhl, 6900 Heidelberg 1, Tel.
06221/52 81, Telex 4 61 789
Max-Planck-Institut für Chemie (Otto-Hahn-Institut), Postfach 30 60,
Saarstraße 23, 6500 Mainz, Tel. 06131/30 51
Max-Planck-Institut für biophysikalische Chemie (Karl-Friedrich-
Bonhoeffer-Institut), Am Fassberg, 3400 Göttingen-Nikolausberg, Tel.
0551/20 11, Telex 9 6 786
Max-Planck-Institut für Eisenforschung, Max-Planck-Str. 1,
4000 Düsseldorf, Tel. 0211/66 61 31, Telex 8 586 762
Max-Planck-Institut für Festkörperforschung, Büsnauer Straße 171,
7000 Stuttgart 80, Tel. 0711/7 83 01, Telex 7 255 555
Fritz-Haber-Institut der Max-Planck-Gesellschaft, Faradayweg 4-6,
1000 Berlin 33, Tel. 030/8 30 51, Telex 1 85 676
Gmelin-Institut für Anorganische Chemie und Grenzgebiete der
Max-Planck-Gesellschaft, Varrentrappstraße 40/42 (Carl-Bosch-Haus),
6000 Frankfurt/Main 90, Tel. 0611/7 91 71, Telex 4 12 526

Max-Planck-Institut für Kernphysik, Saupfercheckweg 1,
6900 Heidelberg 1, Tel. 06221/51 61, Telex 4 61 666
Max-Planck-Institut für Kohlenforschung, Stiftstraße 34-36,
4330 Mülheim/Ruhr, Tel. 0208/3 10 73, Telex 8 56 741
Projektgruppe für Laserforschung, 8046 Garching bei München, Tel.
089/3 29 91, Telex 5 215 808
Max-Planck-Institut für Metallforschung, Büsnauer Straße 171,
7000 Stuttgart 80, Tel. 0711/7 83 01 (Physik); Seestraße 92, 7000 Stuttgart 1,
Tel. 0711/2 09 51 (Materialwissenschaft)
Max-Planck-Institut für Meteorologie, Geomatikum der Universität
Hamburg, Bundesstraße 55, 2000 Hamburg 13, Tel. 040/41 29 51
Max-Planck-Institut für Physik und Astrophysik, Föhringer Ring 6,
8000 München 40, Tel. 089/32 70 01, Telex 5 215 619; 8046 Garching bei
München, Tel. 089/3 29 91, Telex 5 215 845 (Extraterrestrische Physik)
Max-Planck-Institut für Plasmaphysik, 8046 Garching bei München, Tel.
089/3 29 91, Telex 5 215 808
Max-Planck-Institut für Radioastronomie, Auf dem Hügel 69, 5300 Bonn 1,
Tel. 02221/52 51, Telex 8 86 440
Max-Planck-Institut für Strömungsforschung, Böttingerstraße 4-8,
3400 Göttingen, Tel. 0551/40 91, Telex 9 6 768

— Geisteswissenschaften:
Bibliothekca Hertziana - Max-Planck-Institut, Palazzo Zuccari, 28 Via
Gregoriana, I-00178 Rom/Italien, Tel. 00396/68 73 52
Max-Planck-Institut für Bildungsforschung, Lentzeallee 94, 1000 Berlin 33,
Tel. 030/8 29 51
Max-Planck-Institut zur Erforschung der Lebensbedingungen der
wissenschaftlich-technischen Welt, Riemerschmidtstraße 7,
8130 Starnberg, Tel. 08151/14 91, Telex 5 26 474
Max-Planck-Institut für Geschichte, Postfach 6 19, Hermann-Föge-Weg 11,
3400 Göttingen, Tel. 0551/5 40 21
Max-Planck-Institut für ausländisches und internationales Patent-,
Urheber- und Wettbewerbsrecht, Siebertstraße 3, 8000 München 80, Tel.
089/9 24 61
Max-Planck-Institut für ausländisches und internationales Privatrecht,
Mittelweg 187, 2000 Hamburg 13, Tel. 040/4 12 71, Telex 2 12 893
Projektgruppe für Psycholinguistik, Berg en Dalsweg 79, Nijmegen/
Niederlande, Tel. 080/23 01 00
Max-Planck-Institut für ausländisches öffentliches Recht und Völkerrecht,
Berliner Straße 48, 6900 Heidelberg, Tel. 06221/4 21 33 und 4 21 47
Max-Planck-Institut für europäische Rechtsgeschichte, Freiherr-
vom-Stein-Straße 7, 6000 Frankfurt/Main, Tel. 0611/7 12 01
Projektgruppe für internationales und vergleichendes Sozialrecht,
Akademiestraße 7, 8000 München 40, Tel. 089/34 30 56
Max-Planck-Institut für ausländisches und internationales Strafrecht,
Günterstalstr. 72, 7800 Freiburg, Tel. 0761/7 10 58

— Andere Bereiche:
Bibliothek und Archiv zur Geschichte der Max-Planck-Gesellschaft,
Otto-Warburg-Haus, Garystraße 32, 1000 Berlin 33, Tel. 030/8 30 54 91

Gesellschaft für Information und Dokumentation mbH, Herriotstraße 5, 6000 Frankfurt/Main-Niederrad, Tel. 0611/6 68 71
Garching Instrumente GmbH, Freisinger Landstraße 25, 8046 Garching bei München, Tel. 089/3 29 18 55, Telex 5 215 493
Gesellschaft für wissenschaftliche Datenverarbeitung, Am Faßberg, 3400 Göttingen-Nikolausberg, Tel. 0551/20 15 10
Kerckhoff-Klinik, Benekestraße 6-8, 6350 Bad Nauheim, Tel. 06032/34 51
Minerva Gesellschaft für die Forschung mbH, Residenzstraße 1a, 8000 München 2, Tel. 089/2 10 81
Zentralstelle für maschinelle Dokumentation, Herriotstraße 5, 6000 Frankfurt/Main-Niederrad, Tel. 0611/67 91 21, Telex 4 14 351

35 ca. 800 (Planstelleninhaber; einschließlich Stipendiaten und Gastwissenschaftlern: ca. 1000)

40 Förderung der Grundlagenforschung auf natur- und geisteswissenschaftlichem Gebiet, insbesondere durch Unterhaltung von Forschungsinstituten

41 Förderung der Auslandsbeziehungen durch Aufnahme ausländischer Stipendiaten und Gastwissenschaftler in Max-Planck-Instituten

53 Archiv: Presse, Bildträger

54 Informationserteilung

55 MPG-Spiegel; Presseinformation; Berichte und Mitteilungen aus der Max-Planck-Gesellschaft; Jahresbericht und Jahresrechnung; Informationsschrift (deutsch und englisch); Institutsverzeichnis; Satzung

56 Jahrbuch der Max-Planck-Gesellschaft

104

20 Ministerien der Länder einschließlich Berlin

23 A (zuständig für Kultur und Wissenschaft)
— Baden-Württemberg
Ministerium für Kultus und Sport, Neues Schloß, 7000 Stuttgart 1, Tel. 0711/2 19 31
Ministerium für Wissenschaft und Kunst, Königstr. 46, 7000 Stuttgart 1, Tel. 0711/2 19 31
— Bayern
Bayerisches Staatsministerium für Unterricht und Kultus, Salvatorplatz 2, 8000 München, Tel. 089/2 18 61
— Berlin
Senator für Schulwesen, Bredtschneiderstraße 5-8, 1000 Berlin 19, Tel. 030/3 03 21
Senator für Wissenschaft und Technologie, Bredtscheiderstraße 5-8, 1000 Berlin 19, Tel. 030/3 03 21

— Bremen
Senator für Bildung, Rembertiring 8-12, 2800 Bremen 1, Tel. 0421/36 11
Senator für Wissenschaft und Kunst, Katarinenstraße 12-14,
2800 Bremen 1, Tel. 0421/36 11
— Hamburg
Senator für Schule, Jugend und Berufsausbildung, Postfach 56 68,
Hamburger Str. 31, 2000 Hamburg 76, Tel. 040/29 18 81
Behörde für Wissenschaft und Kunst, Postfach 56 68, Hamburger Str. 45,
2000 Hamburg 76, Tel. 040/29 18 81
— Hessen
Hessisches Kultusministerium, Postfach 14, Luisenplatz 10,
6200 Wiesbaden, Tel. 06121/36 81
— Niedersachsen
Niedersächsisches Kultusministerium, Postfach, Schiffgraben 12,
3000 Hannover, Tel. 0511/19 01
Ministerium für Wissenschaft und Kunst, Postfach, Schiffgraben 12,
3000 Hannover, Tel. 0511/19 01
— Nordrhein-Westfalen
Kultusminister des Landes Nordrhein-Westfalen, Völklinger Str. 49,
4000 Düsseldorf, Tel. 0211/3 03 51
Minister für Wissenschaft und Forschung des Landes Nordrhein-Westfalen, Völklinger Str. 49, 4000 Düsseldorf, Tel. 0211/ 3 03 51
— Rheinland-Pfalz
Kultusministerium, Postfach 32 20, Ernst-Ludwig-Straße 2, 6500 Mainz,
Tel. 06131/1 61
— Saarland
Minister für Kultus, Bildung und Sport, Postfach 10 10, Saarufer 62,
6600 Saarbrücken, Tel. 0681/50 31
— Schleswig-Holstein
Kultusminister des Landes Schlewig-Holstein, Postfach, Düsternbrooker
Weg 64-68, 2300 Kiel, Tel. 0431/59 61

B (zuständig für Entwicklungshilfe)
— Baden-Württemberg
Ministerium für Wirtschaft, Mittelstand und Verkehr, Theodor-Heuss-Str.
4, 7000 Stuttgart-N.
— Bayern
Bayerisches Staatsminsterium für Wirtschaft und Verkehr,
Prinzregentenstr. 28, 8000 München
— Berlin
Senator für Wirtschaft, Martin-Luther-Straße 105, 1000 Berlin 62
— Bremen
Senator für Wirtschaft und Außenhandel, Bahnhofsplatz 29, 2800 Bremen
— Hamburg
Behörde für Wirtschaft und Verkehr, Alter Steinweg 4, 2000 Hamburg 11
— Hessen
Ministerium für Wirtschaft und Technik, Kaiser-Friedrich-Ring 75,
6200 Wiesbaden
— Niedersachsen
Ministerium für Wirtschaft und Verkehr, Friedrichswall 1, 3000 Hannover

- Nordrhein-Westfalen
Chef der Staatskanzlei des Landes Nordrhein-Westfalen, Mannesmannufer 1a, 4000 Düsseldorf
- Rheinland-Pfalz
Ministerium für Wirtschaft und Verkehr, Bauhofstr. 4, 6500 Mainz
- Saarland
Ministerium für Wirtschaft, Verkehr und Landwirtschaft, Hardenbergstr. 8, 6600 Saarbrücken
- Schleswig-Holstein
Ministerium für Wirtschaft und Verkehr, Düsternbrooker Weg 94-100, 2300 Kiel

41 Die in Kategorie 23 unter A genannten Kultus- und Wissenschaftsverwaltungen nehmen die Belange der Länder in Fragen der Auswärtigen Kulturpolitik wahr, vor allem im Rahmen der Ständigen Konferenz der Kultusminister der Länder (KMK);
außerdem bestehen folgende Förderungsmaßnahmen
für deutsche Hochschulangehörige: Gruppen-Studienreisen;
für ausländische Hochschulangehörige: Jahresstipendien für Studierende bis zum ersten Abschluß, Graduierte und Promovierte; Gastdozenturen/-professuren
Die in Kategorie 23 unter B genannten Ministerien bzw. Behörden sind innerhalb der Landesregierungen zuständig für die Koordinierung aller Entwicklungshilfemaßnahmen. Sie vertreten die Länder im Länderausschuß Entwicklungshilfe beim Bundesministerium für wirtschaftliche Zusammenarbeit

105

20 Ökumenisches Studienwerk e.V.
21 ÖSW
23 Girondelle 80, 4630 Bochum 1
24 0234/7 30 11-12
26 1971
31 Pfarrer Heinz F. Dressel (Geschäftsstelle)
Dr. Peter Riecken (Studienkolleg)
35 24
40 Förderung von Postgraduates aus Entwicklungsländern durch Vergabe von Stipendien zum Studium in der Bundesrepublik Deutschland oder in einem Entwicklungsland. Realisation dieses Programms hauptsächlich über akademische Partnerschaften mit Institutionen in Entwicklungsländern;
Durchführung von 6 bis 9-monatigen Sprach- und Einführungskursen für Graduierte im Studienkolleg des ÖSW;

	Durchführung von studienbegleitenden Programmen im Hinblick auf die spätere Tätigkeit des Stipendiaten im Heimatland
50	Veröffentlichungen über Entwicklungsländer; Deutsch als Fremdsprache
51	1.000
54	Informationserteilung und Buchausleihe; Abgabe von Fotokopien gegen Kostenerstattung

106
Otto Benecke Stiftung

20	Otto Benecke Stiftung
21	OBS
23	Bonner Talweg 57, 5300 Bonn 1
24	02221/10 91
26	1965
31	Dr. jur. Rudolf Sieverts (Präsident) Rechtsanwalt Wolfgang G. Beitz (Geschäftsführer)
35	98
40	Förderung ausländischer Studenten durch Hochschulberatung und Stipendien; Integration „Junger Zuwanderer" (deutsche Flüchtlinge, deutsche Aussiedler, Asylberechtigte) im schulischen, akademischen und sozialen Bereich der Bundesrepublik Deutschland; Bearbeitung der weltweiten Flüchtlingsproblematik durch Förderung der nationalen und internationalen Kooperation der in diesem Bereich tätigen Einrichtungen
50	1. Hochschulrecht
51	400
53	Archiv: Presse, Bildträger
54	Informationserteilung; Abgabe von Fotokopien
55	Beihilfen- und Stipendienprogramme; Handbuch für Aussiedler - Bildungs- und Informationsdienst; Kurzinformation für Zuwanderer, Flüchtlinge und Asylanten; Arbeitsbericht
56	Grenzfragen des innerdeutschen Asylrechts (DM 9,80)

107
Physikalisch-Technische Bundesanstalt

20	Physikalisch-Technische Bundesanstalt
21	PTB
23	Bundesallee 100, 3300 Braunschweig

24	0531/59 21	9 52 822 ptb d
26	1887	
31	Professor Dr. D. Kind (Präsident) Dr. Ing. H.-J. Schrader (Vizepräsident) Beauftragter für Metrologische Entwicklungshilfe: Dr. L. Wiedecke Abteilung Allgemeine technisch-wissenschaftliche Dienste: Ltd. Dir. und Professor Dr. W. Mühe Gruppe Technisch-wissenschaftliche Referate: Dr. L. Wiedecke Referat Internationale Zusammenarbeit: Dr. G. Felsner	
32	Bundesministerium für Wirtschaft, Bonn	
35	Inland: 1.345, Ausland: 1	
40	Physikalische und ingenieurwissenschaftliche Forschung mit folgenden Schwerpunkten: Präzisionsbestimmung physikalischer Konstanten; Realisierung und Weitergabe physikalischer Einheiten; Darstellung von Temperatur- und Zeitskalen; Bauartprüfung und Zulassung von Meßeinrichtungen, Spielgeräten und zivilen Schußwaffen; Bauartprüfung auf dem Gebiet der Sicherheitstechnik, des Strahlenschutzes, der Heilkunde und der Überwachung des Straßenverkehrs; Technische Prüfung und Genehmigung der Beförderung und Aufbewahrung von Kernbrennstoffen; Auftragsprüfung und wissenschaftlich-technische Beratung; Ausarbeitung technischer Vorschriften und Richtlinien; Mitwirkung in nationalen und internationalen Fachgremien	
50	1. Reine und angewandte Physik; physische und gesetzliche Metrologie; Elektrotechnik; Elektronik; Kerntechnik	
51	75.000	
54	Informationserteilung und Buchausleihe; Abgabe von Fotokopien gegen Kostenerstattung	
55	Jahresbericht der PTB; PTB-Berichte; Informationsbroschüren	
56	1. PtB-Mitteilungen. Amts- und Mitteilungsblatt der PTB, 6-mal jährlich, Braunschweig: Vieweg Verlag 2. PtB-Prüfregeln und technische Richtlinien, Technische Regeln und Richtlinien für die Prüfung von Meßgeräten, Braunschweig: Eigenverlag 3. Eichordnung (EO), Braunschweig: Deutscher Eichverlag	

108

20	Ständige Konferenz der Kultusminister der Länder in der Bundesrepublik Deutschland
21	KMK

23	Sekretariat: Nassestr. 8, 5300 Bonn 1
24	02221/50 11 8 86 587
26	1948
31	Präsident (jährlich wechselnd) Ministerialdirektor Dr. Joachim Schulz-Hardt (Generalsekretär)
40	Freiwillige Kooperation und Koordination der Länder im Bereich des Bildungswesens, von Hochschule und Forschung sowie der allgemeinen Kulturpflege und der internationalen Kulturbeziehungen, einschließlich der Bildungshilfefragen im entwicklungspolitischen Bereich; Anerkennungsstelle für ausländische Hochschulzeugnisse; Zusammenarbeit mit dem Bund auf den genannten Gebieten, soweit sie nicht von anderen Gremien wahrgenommen werden
51	ca. 49.000
52	Literaturdokumentation; Faktendokumentation
53	Archiv
54	Informationserteilung; Abgabe von Fotokopien gegen Kostenerstattung
55	Pressemitteilungen; Informationen und Mitteilungen aus dem Sekretariat der Kultusministerkonferenz; Dokumentationen; Loseblattsammlung „Bewertungsvorschläge für ausländische Bildungsnachweise"

109

20	**Ständige Konferenz der Kultusminister der Länder in der Bundesrepublik Deutschland - Ausschuß für das Auslandsschulwesen -**
21	KMK - Auslandsschulausschuß
23	Nassestraße 8, 5300 Bonn 1
24	02221/50 11 8 86 587
32	Hauptausschuß der KMK
40	Beratung in pädagogischen, schul- und unterrichtsorganisatorischen Fragen des Auslandsschulwesens; Wahrnehmung der Belange der an Auslandsschulen unterrichtenden Lehrkräfte; Empfehlungen an AA und Auslandsschulen; Vorbereitung der Beschlüsse der KMK bezüglich Auslandsschulen; Vorentscheidung der Anerkennung als „Deutsche Auslandsschule" und der Verleihung von Prüfungsberechtigungen etc.

110
20 Ständige Konferenz der Kultusminister der Länder in der Bundesrepublik Deutschland
- Hochschulausschuß -
21 KMK-Hochschulausschuß
23 Postfach 22 40, Nassestr. 8, 5300 Bonn 1
24 02221/50 11 886 587
26 1948
31 Ltd. Senatsrat Hildebrandt (Vorsitzender des Hochschulausschusses)
32 Ständige Konferenz der Kultusminister der Länder
35 11
40 Der Hochschulausschuß ist einer der Hauptausschüsse der KMK. Ihm gehören die Leiter der Hochschulabteilungen der Länderkultusverwaltungen an. Der Ausschuß hat in erster Linie die Aufgabe, für die Minister- und Amtschefberatungen der KMK Angelegenheiten der Hochschulpolitik von überregionaler Bedeutung vorzuberaten und Vorlagen und Entwürfe vorzulegen. Im übrigen befaßt er sich mit einer großen Anzahl von Sachfragen, die einer Koordinierung bedürfen, damit in der den Hochschulbereich betreffenden Verwaltungsarbeit der Kultusministerien der Länder möglichst einheitliche Erlasse, Verfügungen und Verwaltungsmaßnahmen getroffen werden. Ein großer Teil der Aufgaben des Hochschulausschusses wird durch dessen Unterausschüsse vorbereitet, denen die jeweils zuständigen Fachreferenten in den einzelnen Hochschulabteilungen der Kultus- bzw. Wissenschaftsministerien in den elf Ländern angehören:
- Unterausschuß für studentische Angelegenheiten;
- Unterausschuß für Beamten- und Besoldungsrecht;
- Unterausschuß für Prüfungs- und Studienordnungen;
- Unterausschuß für Fragen des Gesundheitswesens;
- Unterausschuß für Fragen der Forschung.
51 ca. 40.000
53 Archiv: Presse
54 Informationserteilung kostenlos; Fotokopien gegen Gebühr
55 Statistische Veröffentlichungen der KMK; Handbuch für die Kultusministerkonferenz; Kulturpolitik der Länder
56 Dokumentationsdienst Bildungswesen - Veröffentlichungen der KMK -, Hermann Luchterhand Verlag, Neuwied

111

20 Ständige Konferenz der Kultusminister der Länder in der Bundesrepublik Deutschland - Pädagogischer Austauschdienst -

21 KMK - PAD

23 Nassestr. 8, Postfach 2240, 5300 Bonn 1

24 02221/50 11 8 86 587

26 1952

31 Oberstudiendirektor Karl-Heinz Rinke

35 26

40 Austausch von Lehrern, Fremdsprachenassistenten und Schülern zwischen der Bundesrepublik Deutschland und dem Ausland

54 Informationserteilung

55 „Informationen für die deutschen Fremdsprachenassistenten im Vereinigten Königreich"; Handbücher für Austauschlehrer

112

20 Ständige Konferenz der Kultusminister der Länder in der Bundesrepublik Deutschland - Zentralstelle für ausländisches Bildungswesen -

21 KMK - ZfaB

23 Postfach 22 40, Nassestraße 8, 5300 Bonn 1

24 02221/50 11 8 86 587

31 Senatsrat Dr. Otto Schieffer

40 Sammlung von Informationen über ausländisches Bildungswesen und Begutachtung ausländischer Schul-, Hochschul- und Berufsqualifikationen

50 1./2./3. In- und ausländisches Bildungswesen

51 20.000

52 Faktendokumentation

53 Archiv: Presse

54 Informationserteilung (nur für Behörden)

113

20 Ständige Konferenz der Rektoren und Präsidenten der Staatlichen Fachhochschulen der Länder der Bundesrepublik Deutschland e.V.

21 Fachhochschulrektorenkonferenz
FRK

23 1979 Fachhochschule München, Lothstr. 34, 8000 München 2

24 089/23 68-1

26 1972

31 (1979) Prof. Dr. rer.nat. Walter Keßler (Vorsitzender)

40 Förderung der Zusammenarbeit im Bereich der Fachhochschulen bzw. der anwendungsbezogenen Studiengänge sowie Vertretung deren hochschulpolitischen Interessen nach außen. Zu diesem Zweck Information der FRK-Mitglieder über die hochschulpolitische Entwicklung, Feststellung von Problemen und Erarbeitung von Zielvorstellungen. Kooperation mit geeigneten Institutionen des In- und Auslandes.

114

20 Ständiges Büro für die Beziehungen zwischen den französischen Grandes Écoles und den deutschen Technischen Hochschulen - Deutsche Sektion

21 Ständiges Büro GE-TH

23 Westdeutsche Rektorenkonferenz, Ahrstr. 39, 5300 Bonn 2

24 02221/37 69 11   885 617

26 1961

31 Prof. Dr. phil. Horst Tietz (Vorsitzender)

35 11

40 Studenten- und Dozenten-Austausch; Äquivalenzen von Studiengängen; Förderung der wissenschaftlichen Zusammenarbeit von Instituten französischer Grandes Écoles und deutscher Technischer Hochschulen/ Universitäten

54 Informationserteilung

55 Ein vergleichender Informationsbericht sowie Einzel-Fachberichte in deutscher Sprache über das Studium der Natur- und Ingenieurwissenschaften an den französischen Grandes Écoles (Agrarwissenschaften, Angewandte Mathematik und Informatik, Bauingenieurwesen, Bergbau, Chemie, Elektrotechnik, Maschinenbau, Metallurgie, Physik)

115
20 Statistisches Bundesamt
21 StBA
23 Gustav-Stresemann-Ring 11, 6200 Wiesbaden 1
24 06121/70 51   4 186 511
26 1949
31 Dr. Hildegard Bartels (Päsidentin)
Abteilung Bevölkerung, Erwerbstätigkeit, Wohnungswesen, Allgemeine Auslandsstatistik: Abteilungspräsident Dr. Schwarz
Gruppe Allgemeine Auslandsstatistik: Regierungsdirektor Dr. Mackamul
Fachgebiete Internationale Übersichten, Länderberichte/ Länderkurzberichte: Regierungsdirektor Hoelke; Oberregierungsrat Dr. Kasperkowitz; Oberregierungsrat Schneider
Gruppe Laufende Bevölkerungsstatistik: Regierungsdirektor Dr. Linke
Fachgebiet Bevölkerung des Auslandes: Oberregierungsrat Dr. Fleischer
Abteilung Preise, Löhne, Außenhandel: Abteilungspräsident Schlüter
Gruppe Preise: Leitender Regierungsdirektor Guckes
Fachgebiet Preise im Ausland, Verbrauchergeldparitäten: Regierungsdirektor Rostin
Gruppe Löhne und Gehälter: Regierungsdirektor Hake
Fachgebiet Löhne und Gehälter im Ausland: Oberregierungsrat Kloß
Gruppe Außenhandel: Leitender Regierungsdirektor Pauli
Fachgebiet Außenhandel des Auslandes: Leitender Regierungsdirektor Pauli
Abteilung Ernährung und Landwirtschaft, Handel und Verkehr: Abteilungspräsident Herberger
Gruppe Betriebsverhältnisse der Landwirtschaft: Regierungsdirektor Dr. Haßkamp
Fachgebiet Agrarstatistik des Auslandes: Oberregierungsrat Dr. Woelke
Abteilung Produzierendes Gewerbe, Bautätigkeit, Umweltstatistiken: Abteilungspräsident Prof. Sobotschinski
Gruppe Jahreserhebungen, Zensen im Baugewerbe und Verarbeitenden Gewerbe: Regierungsdirektor Glaab
Fachgebiet Produzierendes Gewerbe im Ausland: Regierungsdirektor Glaab
Abteilung Volkswirtschafliche Gesamtrechnungen, Unternehmens- und Wirtschaftsrechnungen: Leitende Regierungsdirektorin Engelmann

Gruppe Volkswirtschaftliche Gesamtrechnungen: Regierungsdirektor Richter
Fachgebiet Volkswirtschaftliche Gesamtrechnungen des Auslandes: Regierungsrat Cruse

32 Bundesministerium des Innern, Bonn

35 2.618

40 Statistiken für Bundeszwecke (Bundesstatistiken) technisch und methodisch vorzubereiten, auf ihre Einheitlichkeit und Vergleichbarkeit hinzuwirken, ihre Ergebnisse für den Bund zu sammeln, zusammenzustellen und für allgemeine Zwecke darzustellen; Bundesstatistiken zu erheben und aufzubereiten, wenn es in einem Bundesgesetz bestimmt ist oder soweit die beteiligten Länder zustimmen

50 1. Wirtschafts- und Sozialwissenschaften; Amtliche Statistiken aus allen Ländern der Welt

51 172.500

52 Literaturdokumentation: Zeitschriftenaufsätze; Datendokumentation

54 Informationserteilung und Buchausleihe; Abgabe von Fotokopien gegen Kostenerstattung

56 Veröffentlichungen: Reihe „Allgemeine Auslandsstatistik"; Internationale Monatszahlen, monatlich; Länderberichte, unregelmäßig; Länderkurzberichte, unregelmäßig, ein Jahrgang = 48 Berichte
Fachserie „Auslandsstatistik" mit unterschiedlicher Erscheinungsfolge: Bevölkerung und Erwerbstätigkeit im Ausland; Produzierendes Gewerbe im Ausland; Außenhandel des Auslandes; Löhne und Gehälter im Ausland; Preise und Preisindizes im Ausland. Verlag W. Kohlhammer GmbH, Postfach 42 11 20, 6500 Mainz 42.

116

20 **Stifterverband für die deutsche Wissenschaft**

21 SV

23 Brucker Holt 56-60, 4300 Essen 1

24 0201/71 10 51   8 57 544

26 1949

31 Dr. Hans-Helmut Kuhnke (Vorsitzender des Vorstandes)
Dr. Horst Niemeyer (Generalsekretär)

35 56

40	Gemeinschaftsaktion der deutschen Wirtschaft zur Wissenschaftsförderung; Förderung des DAAD, der AvH, der DFG, der MPG
52	Literaturdokumentation
55	„Forum Stifterverband" (6-mal jährlich)

117
20 Stiftung Deutsches Übersee-Institut

21	DÜI
23	Neuer Jungfernstieg 21, 2000 Hamburg 36
24	040/3 56 25 93-95
26	1964
31	Vorstand: N.N. (Vorsitzender); Dr. Werner Draguhn; Dr. Albrecht von Gleich; Dr. Jürgen Hofmeier; Dr. Udo Steinbach Geschäftsführung: Hans Reimer Koordinator der Übersee-Dokumentation: Dr. Ulrich Gehrke
32	Behörde für Wirtschaft, Verkehr und Landwirtschaft der Freien und Hansestadt Hamburg
35	80
40	Beobachtung und Untersuchung der sozialen, ökonomischen und politischen Verhältnisse und Entwicklungen in den überseeischen Ländern. Dazu bedient sich die Stiftung 1. des ihr eigenen Instituts für Allgemeine Überseeforschung 2. der Regionalinstitute: Deutsches Institut für Afrika-Forschung e. V., Hamburg Institut für Asienkunde, Hamburg Institut für Iberoamerika-Kunde, Hamburg Deutsches Orient-Institut im Rahmen der Deutschen Orient-Stiftung, Hamburg Hamburg
56	Mitteilungen der Stiftung Deutsches Übersee-Institut; Schriftenreihen: „Probleme der Weltwirtschaft" und „Aktuelle Fragen der Weltwirtschaft"

118
- 20 Stiftung Europa-Kolleg Hamburg
- 23 Windmühlenweg 27, 2000 Hamburg 52
- 24 040/82 90 83 und 82 51 55
- 26 1955
- 31 Prof. Dr. Erhard Kautzenbach (Vorsitzender des Kuratoriums) Prof. Dr. jur. Eberhard Grabitz (Vorsitzender des Vorstandes) Dr. Hans Isenhagen (Geschäftsführendes Vorstandsmitglied)
- 40 Förderung wissenschaftlicher Studien, die besonders politische, rechtliche, soziale, wirtschaftliche, geschichtliche und kulturelle Probleme Europas und deren internationale Zusammenhänge betreffen; Maßnahmen hierzu: Errichtung und Unterhaltung eine "Instituts für Integrationsforschung" im Rahmen der Stiftung als wissenschaftliche Einrichtung an der Universität Hamburg; Herausgabe von Schriftenreihen; Unterhaltung einer wissenschaftlichen Bibliothek; Unterhaltung eines Studien- und Wohnheims für Wissenschaftler des In- und Auslandes (Graduierte und Doktoranden), die Forschungsprojekte im Rahmen des Stiftungszwecks bearbeiten
- 50 1. Europawissenschaftliche Spezialliteratur
- 51 22.000
- 54 Buchausleihe
- 56 Schriftenreihe zur Europäischen Integration; Schriften der Stiftung Europa-Kolleg Hamburg

119
- 20 Stiftung Volkswagenwerk
- 23 Postfach 81 05 09, Kastanienallee 35, 3000 Hannover 81
- 24 0511/83 81-1 (84 01-1)   9 22 965
- 26 1961
- 31 Prof. Dr.-Ing. Eduard Pestel (Vorsitzender des Kuratoriums bis 31.8.1979) Dr. Volker Hauff (stellvertretender Vorsitzender) Dr. Walter Borst (Generalsekretär und Leiter der Geschäftsstelle) Dr. Werner Seifart (Ständiger Vertreter)
- 35 ca. 95
- 40 Rechtsfähige Stiftung Bürgerlichen Rechts zur Förderung von Wissenschaft und Technik in Forschung und Lehre durch Vergabe von Förderungsmitteln als zweckgebundene Zuwendungen für förderungswürdige wissenschaftliche Einrichtungen; Förderung auf Antrag

(formlos), grundsätzlich im Rahmen ausgewählter Schwerpunkte; bei Antragstellern aus dem Ausland wird definierte Kooperation mit wissenschaftlichen Einrichtungen der Bundesrepublik grundsätzlich vorausgesetzt.

41 Forschungsförderung u. a. innerhalb zeitlich begrenzter Schwerpunkte (Stand: Juni 1979): z.B. Geschichtsforschung und Geschichtsdarstellung im Europäischen Zusammenhang und Vergleich; Gegenwartsbeogene Forschung zur Region Osteuropa; Gastarbeiterforschung; Nordamerika-Studien; Internationale Begegnungszentren der Wissenschaft

50 1./3. Alle Wissenschaftsgebiete in Auswahl; Wissenschaftsverwaltung, Wissenschaftsplanung, Wissenschaftspolitik

51 ca. 10.000

53 Archiv: Presse, Bildträger, Tonträger

54 Informationserteilung

55 Berichte der Stiftung Volkswagenwerk (seit 1962 jährlich; ab Bericht 1970 auch englischsprachige Zusammenfassungen); Informationsreihe zu einzelnen Förderungsbereichen

56 Schriftenreihe der Stiftung Volkswagenwerk (bis 1977 17 Bände; Bestandsaufnahmen und Berichte zu aktuellen wissenschaftlichen Fragen)

120
20 Stiftung Wissenschaft und Politik

21 SWP

23 8026 Ebenhausen bei München

24 08178/40 26

26 1962

31 Prof. Dr. Klaus Ritter
Uwe Nerlich (Internationales System; Internationale Sicherheit)
Dr. Götz Roth (Internationale Ordnungspolitik; Regionalprobleme Westeuropa und Nordamerika)
Christoph Royen (Internationale Ordnungspolitik; Regionalprobleme Osteuropa einschl. Sowjetunion)
Dr. Hubert Feigl (Internationale Sicherheit; Strategische Politik)
Dr. Peter Stratmann (Internationale Sicherheit; Westeuropäische Verteidigung)
Elke Thiel (Internationale Wirtschaftsstruktur; Internationales Wirtschaftssystem der westlichen Industriestaaten)

Dr. Jürgen Nötzold (Internationale Wirtschaftsstruktur; Internationales Wirtschaftssystem Osteuropa; Ost-West Wirtschaftsbeziehungen)
Dr. Joachim Glaubitz (Internationale regionale Entwicklungen Ostasien)
Dr. Dieter Braun (Internationale regionale Entwicklungen Südasien)
Dr. Rainer Büren (Internationale regionale Entwicklungen Naher Osten)
Wolf Grabendorff (Internationale regionale Entwicklungen Lateinamerika)

40 Forschung auf dem Gebiet der internationalen Beziehungen mit den Schwerpunkten: Internationale Politik und internationale Sicherheit; strukturelle Probleme der Entwicklung des internationalen Systems (auch wirtschaftsstrukturelle Probleme); Außenpolitik; Außenwirtschaftspolitik und Verteidigungspolitik

51 32.000

52 Literaturdokumentation

53 Archiv: Presse

54 Informationserteilung

121
20 Studienkolleg

23 Studienkolleg, Templergraben 55, 5100 Aachen
Studienkolleg der Freien Universität, Brentanostraße 50, 1000 Berlin 41
Studienkolleg der Technischen Universität, Jebensstraße 1, 1000 Berlin 12
Studienkolleg, Girondelle 80, 4630 Bochum
Studienkolleg an der Universität, Lennéstr. 39, 5300 Bonn
Studienkolleg, Poststraße 5, 6100 Darmstadt
Studienkolleg, Bockenheimer Landstraße 76, 6000 Frankfurt/Main
Studienkolleg, Holstenglacis 6, 2000 Hamburg 36
Studienkolleg, Hanomagstraße 8, 3000 Hannover
Studienkolleg, Im Neuenheimerfeld 684, 6900 Heidelberg
Studienkolleg, Karlstr. 42-44, 7500 Karlsruhe
Studienkolleg, Universität, 5000 Köln 41
Studienkolleg, Saarstr. 52, 6500 Mainz
Studienkolleg, Pfänderstraße 6-10, 8000 München 19
Studienkolleg, Wilmergasse 1, 4400 Münster
Studienkolleg, Im Stadtwald, 6600 Saarbrücken 11

40 Vorbereitung ausländischer Studienbewerber auf die Prüfung zur Feststellung der Hochschulreife

122
20 Studienstiftung des deutschen Volkes
23 Mirbachstr. 7, 5300 Bonn 2
24 02221/35 40 91
26 1925
31 Prof. Dr. Rudolf Sieverts (Präsident)
Dr. Hartmut Rahn (Generalsekretär)
35 60
40 Förderung begabter deutscher Studierender
41 Förderung deutscher Studierender an ausländischen Hochschulen
50 1. Begabungsforschung
52 Datendokumentation
53 Archiv: Presse, Bildträger
54 Informationserteilung
55 Jahresberichte seit 1970

123
20 Tönissteiner Kreis im Gesprächskreis Wissenschaft und Wirtschaft
21 Tönissteiner Kreis
23 Sekretariat: DAAD, Presse- und Öffentlichkeitsarbeit, Kennedyallee 50, 5300 Bonn 2
24 02221/88 23 19
26 1959
32 Stifterverband für die deutsche Wissenschaft
Bundesverband der Deutschen Industrie
Bundesvereinigung der Deutschen Arbeitgeberverbände
Deutscher Industrie- und Handelstag
40 Förderung junger Akademiker (Auslandsstudium oder Praktische Ausbildung während eines Zeitraums von insgesamt bis zu zwei Jahren in Ländern aus zwei Sprachbereichen) zur Vorbereitung auf eine Tätigkeit im internationalen Bereich; Veranstaltung von Seminaren und Tagungen

124
20 Vereinigung Deutscher Wissenschaftler e.V.
21 VDW
23 c/o Universität Essen, Postfach 68 43, Universitätsstr. 12, 4300 Essen 1
24 0201/1 83 34 73-75
26 1959
31 Prof. Dr. K. M. Meyer-Abich (Vorsitzender des Vorstandes)
Dipl.-Volksw. H.-J. Luhmann (Geschäftsführer)
33 Arbeitsgruppe Rüstung und Unterentwicklung, Parkallee 72, 2000 Hamburg 13
35 2
40 Organisation und Durchführung von Studiengruppen, Arbeitstagungen und Kolloquien zu Problemen, die sich aus der fortschreitenden Entwicklung von Wissenschaft und Technik für die Menschheit ergeben; Pflege der internationalen Zusammenarbeit unter den Wissenschaftlern
50 1./2./3. Rüstung in peripheren Ländern
56 „Welternährungskrise oder Ist eine Hungerkatastophe unausweichlich"; „Deutsche Waffen für die Dritte Welt. Militärhilfe und Entwicklungspolitik"

125
20 Vereinigung für internationale Zusammenarbeit
21 VIZ
23 Sekretariat: Wissenschaftszentrum, Ahrstr. 45, 5300 Bonn 2; verantwortlich: Martin L. Mruck
24 02221/30 22 19 und 30 22 21   8 85 420
26 1972
31 Federführend: Alexander von Humboldt-Stiftung; Verantwortlich: Dr. Heinrich Pfeiffer
32 Zusammenschluß folgender Organisationen:
Alexander von Humboldt-Stiftung; Carl Duisberg-Gesellschaft; Deutsche Stiftung für internationale Entwicklung; Deutscher Akademischer Austauschdienst; Deutscher Entwicklungsdienst; Goethe-Institut; Institut für Auslandsbeziehungen; Inter Nationes
40 Die VIZ ist ein freiwilliger Zusammenschluß der o.a. Organisationen, die, aus öffentlichen Mitteln gefördert, Aufgaben der auswärtigen Kultur- und

Informationspolitik, des wissenschaftlichen Austausches und der Entwicklungspolitik wahrnehmen. Der Verein verfolgt das Ziel, die Zusammenarbeit sowohl zwischen den Mitgliedern untereinander als auch mit den zuständigen staatlichen und nichtstaatlichen Stellen im nationalen und internationalen Bereich zu verbessern.

126
20	Westdeutsche Rektorenkonferenz
21	WRK
23	Ahrstr. 39, 5300 Bonn 2
24	02221/37 69 11 8 85 617
26	1946/1949; staatliche Bestätigung 1949
31	Prof. Dr. iur. George Turner (Präsident) Dr. phil. Jürgen Fischer (Generalsekretär) Dr. phil. Wolfgang Kalischer (stellv. Generalsekretär)
35	42
40	In der WRK als Zusammenschluß der Hochschulen in der Bundesrepublik Deutschland und Berlin (West) wirken die Mitgliedshochschulen zur Erfüllung ihrer Aufgaben in Forschung und Lehre und Studium ständig zusammen und nehmen ihre gemeinsamen Belange war.
41	Koordinierung der Auslandsbeziehungen der Hochschulen
50	1./2./3. Hochschulwesen, Hochschulrecht und Wissenschaftspolitik des In- und Auslands, insbesondere des europäischen Auslands
51	per 31.12.1978: 30 812 Bücher, ca. 700 Periodica; 83.332 Einzelstücke (Urteile, "graue" Literatur etc.)
52	Literaturdokumentation; Datendokumentation
53	Archiv: Presse; hochschulpolitisches Schrifttum im weitesten Sinne
54	Informationserteilung; Fotokopien gegen Kostenerstattung
55	„Dokumente zur Hochschulreform"

127
20	Westdeutscher Famulantenaustausch
21	WFA
23	Godesberger Allee 54, 5300 Bonn 2
24	02221/37 53 40

26 1971; Rechtsvorgänger Auslandsreferat des Fachverbandes Medizin: 1952

31 Horst Muno (1. Vorsitzender)
    Richard Egger (stellvertretender Vorsitzender)
    Doris Grams (Geschäftsführer)

32 Deutsche Sektion der International Federation of Medical Students Associations (IFMSA)

40 Vermittlung von deutschen Medizinstudenten zu Famulaturen im Ausland und von ausländischen Medizinstudenten zu Famulaturen in der Bundesrepublik

128
20 **Wissenschaftsrat**

22 Science Council

23 Marienburgerstr. 8, 5000 Köln 51

24 0221/3 77 61

26 1957

31 Prof. Dr. Andreas Heldrich (Vorsitzender)
    Dr. Peter Kreyenberg (Generalsekretär)

35 39

40 Im Rahmen von Arbeitsprogrammen Erarbeitung von Empfehlungen zur inhaltlichen und strukturellen Entwicklung der Hochschulen, der Wissenschaft und der Forschung, die den Erfordernissen des sozialen, kulturellen und wirtschaftlichen Lebens entsprechen;
    Auf Anforderung von Bund, Ländern, der Bund-Länder-Kommission für Bildungsplanung oder der Ständigen Konferenz der Kultusminister der Länder Erstellung von Gutachten zu Fragen der Entwicklung der Hochschulen, der Wissenschaft und der Forschung

41 Zur Erfüllung der in 40 genannten Aufgaben Vergleiche, insbesondere mit dem europäischen Ausland;
    Mitwirkung bei Studien zur Hochschul-, Wissenschafts- und Forschungsentwicklung im internationalen Bereich

56 Im Verlag J.C.B.Mohr (Paul Siebeck), Tübingen:
    Empfehlungen und Stellungnahmen des Wissenschaftsrates (jährlich); außerdem Empfehlungen zu bestimmten Themen (Einzelbände) u.a.

129
World University Service, Deutsches Komitee e.V.

WUS

Lessingstr. 32, 5300 Bonn 1

02221/21 51 58

Deutsches Komitee 1948

Vorstand:
Inge Friedrich (Vorsitzende)
Karl Richter (Schatzmeister)
Dorothea Fitterling; Herta Friede; Thomas Lindemann

8

Koordinierende Tätigkeit auf dem Gebiet des Ausländerstudiums, Beratung und Betreuung ausländischer Studenten;
Vertretung ihrer Interessen gegenüber Behörden und Institutionen, Erarbeitung von Empfehlungen zur Reform des Ausländerstudiums;
Verbreitung von Informationen und Veranstaltung von Seminaren zu Problemen der Entwicklungsländer und zu Fragen des Ausländerstudiums (bezogen auf Studenten aus Entwicklungsländern);
Beschäftigung mit Problemen von Flüchtlingen aus Entwicklungsländern (Rechtshilfe)

Dokumentation „Entwicklungsländer" (ew)

130
Zentralstelle für Arbeitsvermittlung der Bundesanstalt für Arbeit

ZAV-BFIO

Feuerbachstr. 42-46, 6000 Frankfurt/Main 1

0611/7 11 11   4 11 632

1954

Direktorin der ZAV: Leitende Verwaltungsdirektorin Dr. Lieselotte Höhborn;
Leiter der Auslandsabteilung: Verwaltungsdirektor Dr. Werner Martin
Büro Führungskräfte zu Internationalen Organisationen (BFIO):
Verwaltungsoberrat Dr. Lorenz Walg

417

Arbeitsvermittlung für Akademiker und Fachvermittlung für bestimmte Berufe in der Bundesrepublik Deutschland;

Vermittlung von Arbeits-, Fach- und Führungskräften aller Berufe nach dem Ausland, und zwar nach Industrie- und Entwicklungsländern und zu Internationalen Organisationen;
Vermittlung von Arbeitnehmern und Ausbildungssuchenden aus dem Ausland in die Bundesrepublik Deutschland (deutsche Rückkehrer und Ausländer im Rahmen besonderer Programme)

41 Vermittlung von Fachkräften zu deutschen und ausländischen Arbeitgebern in Europa und Übersee;
Vermittlung von deutschem Personal zu Internationalen Organisationen (BFIO);
Vermittlung von jungen Arbeitnehmern zur sprachlichen und beruflichen Fortbildung in europäische Länder;
Vermittlung von Studenten vom und nach dem Ausland

55 Informationsschriften über Aufgaben, Arbeit und Ziele der ZAV; „Markt und Chance". Zentraler Stellen- und Bewerbungsanzeiger

131
20 Zentralstelle für das Auslandsschulwesen
23 siehe Bundesverwaltungsamt

Sachregister

Abhängigkeit 124
Afrikaforschung 001, 013, 087
Afrikakunde 001, 087
Agrargenossenschaft 070
Agrarhilfe 047, 050
Agrarpolitik 070
Agrarsoziologie 070
Agrarstruktur 025
Agrartechnik 025
Akkulturation 017
Appropriate Technology 047
Arbeitnehmer, Ausländer 101
Arbeitnehmer, Förderung 081
Arbeitsmarkt 130
Arbeitsmarkt, Statistik 115
Arbeitsvermittlung 130
Archäologie 058
Asienforschung 016, 089
Asienkunde 089
Assoziierung 086
Atomforschung 079, 098
Audiovisuelle Medien 090
Ausbildung, Wissenschaftler 077, 099
Auslandskunde 032, 090
Auslandsschule 033, 109
Auslandsstudium 007, 036, 052, 122
Auslandsstudium, Beratung 083
Aussenhandel, Statistik 115
Aussenkulturpolitik 020, 021, 033, 052, 078, 090, 095, 104, 108, 125
Aussenpolitik 021, 027, 043, 120
Aussenwirtschaftspolitik 061, 084, 120
Ausstellung, Kunst 052, 090
Austausch, Erwachsener 037
Austausch, Hochschullehrer 100
Austausch, Jugend 037
Austausch, Lehrer 100, 111
Austausch, Musik 055
Austausch, Praktikant 018, 052
Austausch, Schüler 035, 039, 111
Austausch, Student 018, 028, 037, 052, 062, 082, 083, 100, 102, 111, 114
Austausch, Student, Medizin 127
Austausch, Wissenschaftler 006, 028, 048, 052, 072, 078, 082, 103, 114
Auswanderung 032
Auswanderung, Beratung 090

Beratung, Entwicklungshilfe 059
Beratung, Forstwirtschaft 024
Beratung, Landwirtschaft 025, 045, 070
Betriebswirtschaft, Landwirtsch. 025
Bevölkerung, Statistik 115
Bibliothek, Auslandskunde 090
Bildungshilfe 006, 033, 034, 047, 050, 052, 072, 073, 078, 094, 097, 101, 104-106, 108
Bildungsökonomie 060
Bildungsplanung 017
Bildungspolitik 017, 028, 108
Bildungswesen 051
Binnenfischerei 023
Biologie 022
Bodenkunde 025
Bodennutzung 025
Brain drain 074
Buch, Versorgung 090, 095
Chemie 022
Community Development 073, 101, 102
Deutschlandkunde 078, 090, 095
Devisen 084
Diathek 090
Dokumentation, Europa 015
EDV 077
EG 059, 061, 072, 084
Einkommensverteilung 086
Elektronik 107
Elektrotechnik 107
Emigration 129
Energiepolitik 029
Energiequelle, Sonne 040
Energiequelle, Windkraft 040
Entwicklungsfragen 076
Entwicklungshelfer 054
Entwicklungshilfe, Beratung 059
Entwicklungshilfe, Finanzierung 059, 084
Entwicklungshilfe, Statistik 115
Entwicklungsplan 086
Entwicklungsplanung 030, 059, 084
Entwicklungspolitik 017, 021, 030, 053, 059, 061, 072, 084, 086, 096, 104, 125

Entwicklungspolitik,
  Bewusstseinsbildung   051, 129
Entwicklungspolitik, Konzeption   047,
  059, 076
Entwicklungsprojekt   047
Entwicklungsprozessforschung   084,
  096
Entwicklungstheorie   084, 086
Erholung, Familie   039
Erholung, Jugend   039
Ernährung   045, 094, 124
Erwachsenenbildung   072, 073, 080,
  101
Erziehung   017, 051
Erziehungswissenschaft   060, 094
Ethnologie   085
Europa, Integration   015, 056, 069, 118
Experte   034, 050, 130
Export, Diversifikation   084
Fachkraft   130
Finanzpolitik   061, 084, 086
Finanzwissenschaft   094
Fischerei   023
Fischerei, Technologie   023
Fischindustrie   023
Flüchtling   129
Flüchtling, Integration   106
Forschung   003, 004, 010, 103
Forschung, Afghanistan   009
Forschung, Afrika   001, 013, 087
Forschung, Akkulturation   017
Forschung, Asien   016, 089
Forschung, EDV   077, 079
Forschung, Entwicklungsländer   072,
  094, 096, 117, 124
Forschung, Entwicklungspolitik   017,
  059, 061, 084, 086
Forschung, Erziehung   017, 060
Forschung, Ethnologie   085
Forschung, Europa   118
Forschung, Fischerei   023
Forschung, Förderung   041, 075, 103,
  119
Forschung, Forstwirtschaft   024
Forschung, Frankreich   038
Forschung, Genossenschaft   070
Forschung, interdisziplinär   011-013,
  016, 022, 026, 088, 096

Forschung, Kernenergie   079, 098, 099
Forschung, Kooperation   010
Forschung, Koordinierung   041
Forschung, Landwirtschaft   025, 045,
  070
Forschung, Lateinamerika   011, 085,
  093
Forschung, Mathematik   077
Forschung, Messtechnik   107
Forschung, Naturwissenschaften   071
Forschung, Nordafrika   063
Forschung, Öffentliche Verwaltung
  017
Forschung, Ökologie   024
Forschung, Ostasien, Förderung   045
Forschung, Ostblock   026
Forschung, Physik   107
Forschung, Politik   120
Forschung, Raumfahrt   040
Forschung, Sprache, Deutsch   091
Forschung, Technik   057
Forschung, Technologie   040, 099, 107
Forschung, Verwaltungsrecht   017
Forschung, Vorderer Orient   012, 063
Forschung, Wirtschaftspolitik   061,
  084, 086
Forschungspolitik   029, 128
Forstwirtschaft   024
Fortbildung   034, 050, 072, 073, 080,
  101, 130
Fortbildung, Dokumentation   050,
  064, 073
Fortbildung, Entwicklungspolitik   050,
  059
Fortbildung, Fischerei   023
Fortbildung, Forstwirtschaft   024
Fortbildung, Gewerbeförderung   050
Fortbildung, Handelspolitik   050
Fortbildung, Jugendarbeit   039
Fortbildung, Landwirtschaft   050
Fortbildung, Management   102
Fortbildung, Medizin   074
Fortbildung, Messtechnik   107
Fortbildung, Öffentliche Verwaltung
  050
Fortbildung, Regionalplanung   050
Fortbildung, Sprachlehrer   078
Fortbildung, Wirtschaftspolitik   050

Fortbildung, Wissenschaftler 077
Frauenorganisation 101
Freiwilliger Hilfsdienst 054
Führungskraft 130
Futtermittel 025
Geisteswissenschaft 094
Genossenschaft 070, 072, 073, 101
Geologie 079
Geschichte 094
Geschichte, Europa 092
Geschichte, Lateinamerika 085
Geschichtswissenschaft 092
Gesellschaftspolitik 101
Gesundheitshilfe 047, 074
Gesundheitswesen 094
Gewerbe, Statistik 115
Gewerkschaft 072, 073, 101
Gutachten, Entwicklungshilfe 059
Gutachten, Fischerei 023
Gutachten, Forstwirtschaft 024
Gutachten, Hochschulentwicklung 128
Gutachten, Hochschulreife 112
Gutachten, Landwirtschaft 025, 070
Gutachten, Messtechnik 107
Gutachten, Wirtschaftspolitik 061
Handel 101
Handel, Förderung 002
Handelspolitik 084, 086
Handwerk 101
Hochschule, Internationale Beziehungen 020, 083, 126
Hochschule, Kooperation 009, 113, 126
Hochschule, Partnerschaft 083
Hochschulentwicklung, Gutachten 128
Hochschullehrer, Austausch 100
Hochschulpolitik 028, 110, 128
Hochschulreife, Prüfung 112, 121
Hochschulwesen, Deutschland 108, 129
Hochseefischerei 023
Holz, Technologie 024
Holzindustrie 024
Ideologie 026
Importsubstitution 084

Indianer 085
Industrialisierung 086
Industrialisierung, Ländliches Gebiet 045
Industrie 101
Industrie, Kooperation 059
Information, Afghanistan 009
Information, Afrika 064
Information, Asien 065
Information, Deutsche Forschung 094
Information, Deutschland, BRD 095
Information, Entwicklungspolitik 050, 072
Information, Europa 015
Information, Forstwirtschaft 024
Information, Hochschulwesen 052
Information, Kulturpolitik 090
Information, Landwirtschaft 025
Information, Lateinamerika 066, 085
Information, Nordafrika 067
Information, Ozeanien 065
Information, Technische Hilfe 047
Information, Technologie 047
Information, Vorderer Orient 067
Information, Wirtschaft 084
Information, Wissenschaftspolitik 116
Informationswesen, Satellit 040
Ingenieurwesen 022
Internationale Beziehungen 021, 026, 031, 043, 053, 120
Internationale Institution 051, 084
Internationale Institution, Personalvermittlung 130
Investition 061, 084, 086
Investitionsförderung 002
Islamkunde 049
Jugendarbeit 073, 101
Jugendarbeit, Bilateral 039
Kapitalhilfe 084
Katholische Kirche 097
Kernenergie 099
Kerntechnik 107
Kirchliche Entwicklungshilfe 097, 105
Kommunismus 026
Kommunistische Partei 026

Konjunktur 084
Kooperation 010
Kulturanthropologie 085
Kulturbeziehungen 002, 006, 037,
 042, 045, 048, 052, 058, 078, 080,
 090, 095, 108
Kulturbeziehungen, Dokumentation
 090
Kulturpolitik 051, 104
Kunst 085
Kunst, Ausstellung 090
Küstenfischerei 023
Länderbericht 115
Länderkunde 090, 115
Länderkunde, Frankreich 035, 038
Länderkunde, Osteuropa 046
Länderkunde, USA 042
Länderkunde, Vergleich 035, 038
Landmaschine 025
Landwirtschaft 025, 070, 072, 094, 101,
 102
Landwirtschaft, Sozioökonomie 070
Landwirtschaft, Statistik 115
Landwirtschaft,
 Wirtschaftswissenschaft 086
Lateinamerikaforschung 011, 085,
 093
Lateinamerikakunde 093
Lehrer, Ausland 033
Lehrer, Austausch 100, 111
Literatur 085
Literatur, Entwicklungsländer 090
Luftverkehr 040
Management 101
Marxismus 026
Massenmedien 072, 073, 101
Mathematik 077
Medizin 004, 074
Medizin, Student 127
Meeresforschung 023
Menschenrechte 044
Messtechnik 107
Migration 032, 106
Militärhilfe, Forschung 124
Mitbestimmung 081
Multinationale Unternehmung 084
Musik, Verband 055

Musik, Wettbewerb 055
Nachkontakt 006, 034, 050, 052,
 072, 097, 101, 106
Naturwissenschaften 022, 071, 094
Naturwissenschaften, Stipendium
 068
Öffentliche Verwaltung 017, 101
Öffentlichkeitsarbeit 032, 039, 045,
 047, 050-052, 072, 084, 090, 095,
 101, 102, 129
Öffentlichkeitsarbeit, UNO 044
Ökologie 004, 024, 086
Orientforschung 012, 049, 063
Parlament 053
Parlamentarier 053
Partei 072, 073, 080, 101
Personalvermittlung 047, 072, 073,
 101, 130
Personalvermittlung, Schule 033
Pflanzenbau 025
Physik 022, 107
Politik 027, 043, 117, 120
Politik, Afrika 087
Politik, Asien 089
Politik, Lateinamerika 093
Politik, Nordafrika 063
Politik, Vorderer Orient 063
Politische Erziehung 069, 072, 073,
 080, 081, 101
Praktikant, Ausbildung 062
Presse, Ausland, deutschsprachig 090
Private Investition 002, 061, 084
Private Investition, Lateinamerika
 093
Projektevaluierung 047, 059, 070, 084
Projektlehre 050, 059
Projektplanung 045, 059, 070
Raumfahrt 040
Raumordnung 084
Recht 094
Recht, Asyl 106
Recht, Lateinamerika 085
Rechtshilfe, Flüchtling 106, 129
Regionalplanung 059
Regionalpolitik 120
Reintegrationshilfe, Medizin 074
Reintegrationshilfe, Rückkehrer 102,
 130

Reintegrationshilfe, Stipendiat 097, 102, 105, 130
Religionsgeschichte, Europa 092
Rohstoff, Politik 059, 061, 072, 084
Rückkehrer 102
Rural Development 045
Saatgut 025
Selbsthilfe 045, 101
Selbsthilfe, Organisation 070
Sozialarbeit 101
Sozialpolitik 072, 073
Sozialstrukturhilfe 072
Sozialwesen 102
Sozialwissenschaften 017, 022
Sozialwissenschaften, Afrika 087
Sozialwissenschaften, Asien 089
Sozialwissenschaften, International 117
Sozialwissenschaften, Lateinamerika 093
Sozialwissenschaften, Nordafrika 063
Sozialwissenschaften, Vorderer Orient 063
Soziologie 094
Sport 039, 047
Sprache, Deutsch 094
Sprache, Dokumentation 091
Sprache, EDV 091
Sprachunterricht 039, 045
Sprachunterricht, Deutsch 014, 033, 078, 090, 105, 106
Sprachunterricht, Portugiesisch 011
Sprachunterricht, Spanisch 011
Sprachwissenschaft 078, 091
Staatliche Entwicklungshilfe 030, 047, 104
Statistik 115
Statistik, Ausland 115
Stipendiat, Betreuung 092, 123
Stipendium 006, 036, 045, 048, 052, 072, 073, 075, 078, 082, 083, 097, 101, 104-106, 122, 123
Stipendium, Naturwissenschaften 068
Stipendium, Wissenschaftler 041, 056, 058, 059
Strukturpolitik 084
Student, Ausland 121
Student, Ausland, Betreuung 083
Student, Austausch 062, 083, 100, 111, 114, 127
Student, Beratung 083, 100, 106, 129
Student, Betreuung 035
Student, Stipendium 036, 122
Studienaufenthalt 019, 039, 102
Studienförderung, Deutscher 007
Studienreise 019, 037, 104
Studienreise, Osteuropa 046
Technik 057
Technik, Sicherheit 107
Technische Hilfe 047, 054, 104, 107
Technische Hochschule 114
Technologie 029, 040, 071, 079, 099, 107
Technologietransfer 040, 047, 062, 071, 084, 099
Tierzucht 025
Tropen 024, 045
Tropen, Ökologie 004
UN-Sonderorganisationen 044
UNO 044
Unternehmer, Organisation 101
Unterricht, Technik 057
Veranstaltung 015, 018, 019, 035, 038, 039, 051, 080, 097, 123
Veranstaltung, Afrika 001
Veranstaltung, Entwicklungsländer 129
Veranstaltung, Entwicklungspolitik 034, 072, 073, 101
Veranstaltung, Europa 069
Veranstaltung, Kultur 052, 078
Veranstaltung, Musik 039, 055
Veranstaltung, Osteuropa 046
Verteidigung, Politik 120
Verwaltungshilfe 050
Verwaltungsrecht 017
Volkswirtschaft, Statistik 115
Volkswirtschaftliche Gesamtrechnung 086, 115
Währungspolitik 061, 084, 086
Weltwirtschaftsordnung 072, 084, 086
Wirtschaft 002, 017, 061
Wirtschaft, Afrika 087
Wirtschaft, Asien 089
Wirtschaft, International 084, 086

Wirtschaft, Lateinamerika 093
Wirtschaft, Nordafrika 063
Wirtschaft, Vorderer Orient 063
Wirtschaftspolitik 021, 061, 072, 073, 084, 086, 101, 117, 120
Wirtschaftspolitik, Ostblock 026
Wirtschaftsverflechtung 061, 072, 084, 086
Wirtschaftswissenschaft 018, 022, 115
Wissenschaft 002, 051, 094
Wissenschaft, Förderung 006, 041, 075, 116
Wissenschaft, internationale Beziehungen 041
Wissenschaft, Kooperation 005, 114
Wissenschaftler 118
Wissenschaftler, Ausbildung 077, 099
Wissenschaftler, Austausch 103, 114
Wissenschaftler, Fortbildung 077
Wissenschaftler, Kooperation 058
Wissenschaftler, Stipendium 041, 056, 058
Wissenschaftler, Verband 124
Wissenschaftsmanagement 119
Wissenschaftspolitik 028, 029, 041, 116, 128
Workcamp 019
Zeitschrift 046

Abkürzungsregister

AA	Arbeitsgemeinschaft Afghanistan, Saarbrücken	009
AA	Auswärtiges Amt, Bonn	021
ABI	Arnold-Bergstraesser-Institut, Freiburg	017
ADAF	Arbeitskreis der Deutschen Afrika-Forschungs- und Dokumentationsstellen, Hamburg	013
ADLAF	Arbeitsgemeinschaft Deutsche Lateinamerika-Forschung, Bonn	011
AEI	Arbeitskreis Europäische Integration e.V., Bonn	015
AFDOK	Dokumentations-Leitstelle Afrika, Hamburg	064
AGDA	Arbeitskreis für gegenwartsbezogene Forschung und Dokumentation über den süd- und ostasiatischen Raum, Hamburg	016
AGF	Arbeitsgemeinschaft der Großforschungseinrichtungen, Bonn	010
AGVO	Arbeitsgemeinschaft Vorderer Orient für gegenwartsbezogene Forschung und Dokumentation, Hamburg	012
AIESEC	Association Internationale des Étudiants en Sciences Économiques et Commerciales, Köln	018
AK	Afrika-Kollegium, Hamburg	001
AKA	Ausschuß zur Koordinierung der akademischen Auslandsbeziehungen	020
Akad. d. Wiss.	Akademie der Wissenschaften, Göttingen	004
AKDaF	Arbeitskreis Deutsch als Fremdsprache, Bonn	014
ASDOK	Dokumentations-Leitstelle Asien, Hamburg	065
AV	Afrika-Verein, Hamburg	002
AvH	Alexander von Humboldt-Stiftung, Bonn	006
Battelle	Battelle-Institut, Frankfurt/Main	022
BFA Fischerei	Bundesforschungsanstalt für Fischerei, Hamburg	023
BFH	Bundesforschungsanstalt für Forst- und Holzwirtschaft, Hamburg	024
BIOST	Bundesinstitut für ostwissenschaftliche und internationale Studien, Köln	026
BK	Bundeskanzleramt, Bonn	027
BMBW	Bundesministerium für Bildung und Wissenschaft, Bonn	028
BMFT	Bundesministerium für Forschung und Technologie, Bonn	029
BMZ	Bundesministerium für wirtschaftliche Zusammenarbeit, Bonn	030
BVA	Bundesverwaltungsamt, Köln	032
CDG	Carl Duisberg-Gesellschaft, Köln	034
CMK	Carolus-Magnus-Kreis, Ludwigsburg	035
DAAD	Deutscher Akademischer Austauschdienst, Bonn	052
DAI	Deutsches Archäologisches Institut, Berlin	058
DBstR	Auslandsstelle des Deutschen Bundesstudentenringes, Bonn	019
DED	Deutscher Entwicklungsdienst, Berlin	054
DFG	Deutsche Forschungsgemeinschaft, Bonn	041
DFI	Deutsch-Französisches Institut, Ludwigsburg	038
DFJW	Deutsch-Französisches Jugendwerk, Bad Honnef	039

DFVLR	Deutsche Forschungs- und Versuchsanstalt für Luft- und Raumfahrt, Köln	040
DGfA	Deutsche Gesellschaft für Amerikastudien,	042
DGO	Deutsche Gesellschaft für Osteuropakunde, Berlin	046
DGVN	Deutsche Gesellschaft für die Vereinten Nationen, Bonn	044
DIASt	Deutsche Ibero-Amerika Stiftung, Hamburg	048
DIE	Deutsches Institut für Entwicklungspolitik, Berlin	059
DIPF	Deutsches Institut für internationale Pädagogische Forschung, Frankfurt/Main	060
DIW	Deutsches Institut für Wirtschaftsforschung, Berlin	061
DMG	Deutsche Morgenländische Gesellschaft,	049
DOI	Deutsches Orient-Institut, Hamburg	063
DSE	Deutsche Stiftung für internationale Entwicklung, Berlin	050
DÜI	Stiftung Deutsches Übersee-Institut, Hamburg	117
DUK	Deutsche UNESCO-Kommission, Bonn	051
DVT	Deutscher Verband technisch-wissenschaftlicher Vereine, Düsseldorf	057
Fachhochschulrektorenkonferenz	Ständige Konferenz der Rektoren und Präsidenten der Staatlichen Fachhochschulen der Länder der Bundesrepublik Deutschland e.V., München	113
FAL	Bundesforschungsanstalt für Landwirtschaft, Braunschweig-Völkenrode	025
FES	Friedrich-Ebert-Stiftung, Bonn	072
FhG	Fraunhofer-Gesellschaft zur Förderung der angewandten Forschung, München	071
FiA	Forschungsstelle für internationale Agrarentwicklung, Heidelberg	070
FNS	Friedrich-Naumann-Stiftung, Bonn	073
FRK	Ständige Konferenz der Rektoren und Präsidenten der Staatlichen Fachhochschulen der Länder der Bundesrepublik Deutschland e.V., München	113
FTSt	Fritz Thyssen Stiftung, Köln	075
Fulbright-Kommission	Kommission für den Studenten- und Dozentenaustausch zwischen der Bundesrepublik Deutschland und den Vereinigten Staaten von Amerika, Bonn	100
GI	Goethe-Institut, München	078
GMD	Gesellschaft für Mathematik und Datenverarbeitung, St. Augustin	077
GTZ	Deutsche Gesellschaft für Technische Zusammenarbeit, Eschborn	047
HBST	Hans-Böckler-Stiftung, Düsseldorf	081
HMI	Hahn-Meitner-Institut für Kernforschung, Berlin	079
HWWA	HWWA-Institut für Wirtschaftsforschung, Hamburg	084
IAESTE	Deutsches Komitee der IAESTE, Bonn	062
IAfEF	Interdisziplinärer Arbeitskreis für Entwicklungsländerforschung, St. Augustin	096
IAI	Ibero-Amerikanisches Institut, Berlin	085

IAK	Institut für Afrika-Kunde, Hamburg	087
IAÜ	Institut für allgemeine Überseeforschung, Hamburg	088
IBZ d. HSST. e.V.	Hanns-Seidel-Stiftung, München	080
IdS	Institut für Deutsche Sprache, Mannheim	091
IfA	Institut für Asienkunde, Hamburg	089
IfA	Institut für Auslandsbeziehungen, Stuttgart	090
Ifo	Ifo-Institut für Wirtschaftsforschung, München	086
IIK	Institut für Iberoamerika-Kunde, Hamburg	093
IN	Inter Nationes, Bonn	095
IWZE	Institut für wissenschaftliche Zusammenarbeit mit Entwicklungsländern, Tübingen	094
KAAD	Katholischer Akademischer Ausländer-Dienst, Bonn	097
KAS	Konrad-Adenauer-Stiftung, St. Augustin	101
KFA	Kernforschungsanlage Jülich, Jülich	098
KfK	Kernforschungszentrum Karlsruhe, Karlsruhe	099
KMK	Ständige Konferenz der Kultusminister der Länder, Bonn	108
KMK - Auslands- schulaus- schuß	Ständige Konferenz der Kultusminister der Länder, Bonn	109
KMK- Hochschul- ausschuß	Ständige Konferenz der Kultusminister der Länder, Bonn	110
KMK - PAD	Ständige Konferenz der Kultusminister der Länder, Bonn	111
KMK - ZfaB	Ständige Konferenz der Kultusminister der Länder, Bonn	112
LADOK	Dokumentations-Leitstelle Lateinamerika, Hamburg	066
MPG	Max-Planck-Gesellschaft, München	103
OBS	Otto Benecke Stiftung, Bonn	106
OFAJ	Deutsch-Französisches Jugendwerk, Bad Honnef	039
ORDOK	Dokumentations-Leitstelle Moderner Orient, Hamburg	067
ÖSW	Ökumenisches Studienwerk, Bochum	105
PTB	Physikalisch-Technische Bundesanstalt, Braunschweig	107
SID	Gesellschaft für internationale Entwicklung, Bonn	076
Ständiges Büro GE-TH	Ständiges Büro für die Beziehungen zwischen den französischen Grandes Écoles und den deutschen Technischen Hochschulen, Bonn	114
StBA	Statistisches Bundesamt, Wiesbaden	115
SV	Stifterverband für die deutsche Wissenschaft, Essen	116
SWP	Stiftung Wissenschaft und Politik, Ebenhausen	120
Tönissteiner Kreis	Tönissteiner Kreis im Gesprächskreis Wissenschaft und Wirtschaft, Bonn	123
VDW	Vereinigung Deutscher Wissenschaftler, Essen	124
VIZ	Vereinigung für internationale Zusammenarbeit, Bonn	125
WFA	Westdeutscher Famulantenaustausch, Bonn	127
WRK	Westdeutsche Rektorenkonferenz, Bonn	126

WUS	World University Service, Bonn	129
ZAV-BFIO	Zentralstelle für Arbeitsvermittlung, Frankfurt/Main	130
ZfA	Bundesverwaltungsamt - Zentralstelle für das Auslandsschulwesen, Köln	033

Ortsregister

Aachen
    Hochschule   83
    Studienkolleg   121

Aalen
    Hochschule   83

Augsburg
    Hochschule   83

Bad Honnef
    Deutsch-Französisches Jugendwerk   39
    Deutsche Stiftung für internationale Entwicklung   50

Bad Tölz
    Dr. Carl Duisberg-Stiftung für das Auslandsstudium deutscher Studenten   68

Bamberg
    Hochschule   83

Bayreuth
    Hochschule   83

Benediktbeuren
    Hochschule   83

Bensheim
    Kübel Stiftung   102

Berlin
    Amt für Ausbildungsförderung   7
    Deutsche Gesellschaft für Osteuropakunde   46
    Deutsche Morgenländische Gesellschaft   49
    Deutsche Stiftung für internationale Entwicklung   50
    Deutscher Entwicklungsdienst   54
    Deutsches Archäologisches Institut   58
    Deutsches Institut für Entwicklungspolitik   59
    Deutsches Institut für Wirtschaftsforschung   61
    Europäische Akademie Berlin   69
    Hahn-Meitner-Institut für Kernforschung   79
    Hochschule   83
    Ibero-Amerikanisches Institut   85
    Ministerien   104
    Studienkolleg   121

Biberach
    Hochschule   83

Bielefeld
    Hochschule   83

Bochum
    Hochschule   83
    Ökumenisches Studienwerk   105
    Studienkolleg   121

Bonn
    Alexander von Humboldt-Stiftung   6
    Arbeitsgemeinschaft der Großforschungseinrichtungen   10
    Arbeitsgemeinschaft Deutsche Lateinamerika-Forschung   11
    Arbeitskreis Deutsch als Fremdsprache   14
    Arbeitskreis Europäische Integration e.V.   15
    Auslandsstelle des Deutschen Bundesstudentenringes   19
    Auswärtiges Amt   21
    Bundeskanzleramt   27
    Bundesministerium für Bildung und Wissenschaft   28
    Bundesministerium für Forschung und Technologie   29
    Bundesministerium für wirtschaftliche Zusammenarbeit   30
    Bundespräsident   31
    Cusanuswerk - Bischöfliche Studienförderung   36
    Deutsche Forschungsgemeinschaft   41
    Deutsche Gesellschaft für Auswärtige Politik   43
    Deutsche Gesellschaft für die Vereinten Nationen   44
    Deutsche Stiftung für internationale Entwicklung   50
    Deutsche UNESCO-Kommission   51
    Deutscher Akademischer Austauschdienst   52
    Deutscher Bundestag   53
    Deutscher Musikrat   55
    Deutscher Rat der Europäischen Bewegung   56
    Deutsches Komitee der IAESTE   62
    Friedrich-Ebert-Stiftung   72
    Friedrich-Naumann-Stiftung   73
    Friedrich-Thieding-Stiftung   74
    Gesellschaft für internationale Entwicklung   76
    Hochschule   83
    Inter Nationes   95
    Katholischer Akademischer Ausländer-Dienst   97
    Kommission für den Studenten- und Dozentenaustausch zwischen der
    Bundesrepublik Deutschland und den Vereinigten Staaten von Amerika   100
    Otto Benecke Stiftung   106
    Ständige Konferenz der Kultusminister der Länder   108
    Ständige Konferenz der Kultusminister der Länder   109
    Ständige Konferenz der Kultusminister der Länder   110
    Ständige Konferenz der Kultusminister der Länder   111
    Ständige Konferenz der Kultusminister der Länder   112

Ständiges Büro für die Beziehungen zwischen den französischen Grandes Écoles und den deutschen Technischen Hochschulen	114
Studienkolleg	121
Studienstiftung des deutschen Volkes	122
Tönissteiner Kreis im Gesprächskreis Wissenschaft und Wirtschaft	123
Vereinigung für internationale Zusammenarbeit	125
Westdeutsche Rektorenkonferenz	126
Westdeutscher Famulantenaustausch	127
World University Service	129

Braunschweig
Bundesforschungsanstalt für Landwirtschaft	25
Hochschule	83
Physikalisch-Technische Bundesanstalt	107

Bremen
Amt für Ausbildungsförderung	7
Hochschule	83
Ministerien	104

Bremerhaven
Hochschule	83

Buxtehude
Hochschule	83

Clausthal
Hochschule	83

Coburg
Hochschule	83

Darmstadt
Hochschule	83
Studienkolleg	121

Detmold
Hochschule	83

Dortmund
Hochschule	83

Duisburg
Hochschule	83

Düsseldorf
    Deutscher Verband technisch-wissenschaftlicher Vereine 57
    Hans-Böckler-Stiftung 81
    Heinrich-Hertz-Stiftung 82
    Hochschule 83
    Ministerien 104

Ebenhausen
    Stiftung Wissenschaft und Politik 120

Eichstätt
    Hochschule 83

Emden
    Hochschule 83

Erlangen
    Hochschule 83

Eschborn
    Deutsche Gesellschaft für Technische Zusammenarbeit 47

Essen
    Amt für Ausbildungsförderung 7
    Hochschule 83
    Stifterverband für die deutsche Wissenschaft 116
    Vereinigung Deutscher Wissenschaftler 124

Esslingen
    Hochschule 83

Feldafing
    Deutsche Stiftung für internationale Entwicklung 50

Flensburg
    Amt für Ausbildungsförderung 7
    Hochschule 83

Frankfurt
    Battelle-Institut 22
    Deutsches Institut für internationale Pädagogische Forschung 60
    Hochschule 83
    Studienkolleg 121
    Zentralstelle für Arbeitsvermittlung 130

Freiburg
- Arnold-Bergstraesser-Institut — 17
- Hochschule — 83

Freising
- Hochschule — 83

Fulda
- Hochschule — 83

Furtwangen
- Hochschule — 83

Gießen
- Hochschule — 83

Göttingen
- Akademie der Wissenschaften — 3
- Hochschule — 83

Hagen
- Hochschule — 83

Hamburg
- Afrika-Kollegium — 1
- Afrika-Verein — 2
- Amt für Ausbildungsförderung — 7
- Arbeitsgemeinschaft Vorderer Orient für gegenwartsbezogene Forschung und Dokumentation — 12
- Arbeitskreis der Deutschen Afrika-Forschungs- und Dokumentationsstellen — 13
- Arbeitskreis für gegenwartsbezogene Forschung und Dokumentation über den süd- und ostasiatischen Raum — 16
- Auslandsstelle des Deutschen Bundesstudentenringes — 19
- Bundesforschungsanstalt für Fischerei — 23
- Bundesforschungsanstalt für Forst- und Holzwirtschaft — 24
- Deutsche Gesellschaft für Ost- und Südostasienkunde — 45
- Deutsche Ibero-Amerika Stiftung — 48
- Deutsches Orient-Institut — 63
- Dokumentations-Leitstelle Afrika — 64
- Dokumentations-Leitstelle Asien — 65
- Dokumentations-Leitstelle Lateinamerika — 66
- Dokumentations-Leitstelle Moderner Orient — 67
- Hochschule — 83
- HWWA-Institut für Wirtschaftsforschung — 84
- Institut für Afrika-Kunde — 87
- Institut für allgemeine Überseeforschung — 88
- Institut für Asienkunde — 89

Institut für Iberoamerika-Kunde	93
Ministerien	104
Stiftung Deutsches Übersee-Institut	117
Stiftung Europa-Kolleg	118
Studienkolleg	121

Hannover
Amt für Ausbildungsförderung	7
Hochschule	83
Ministerien	104
Stiftung Volkswagenwerk	119
Studienkolleg	121

Heidelberg
Forschungsstelle für internationale Agrarentwicklung	70
Hochschule	83
Studienkolleg	121

Heilbronn
Hochschule	83

Hildesheim
Hochschule	83

Isny
Hochschule	83

Jülich
Kernforschungsanlage Jülich	98

Kaiserslautern
Hochschule	83

Karlsruhe
Hochschule	83
Kernforschungszentrum Karlsruhe	99
Studienkolleg	121

Kassel
Hochschule	83

Kempten
Hochschule	83

Kiel
Hochschule	83
Ministerien	104

Köln
  Association Internationale des Étudiants en Sciences Économiques et
  Commerciales   18
  Bundesinstitut für ostwissenschaftliche und internationale Studien   26
  Bundesverwaltungsamt - Amt für Migration   32
  Bundesverwaltungsamt - Zentralstelle für das Auslandsschulwesen   33
  Carl Duisberg-Gesellschaft   34
  Deutsche Forschungs- und Versuchsanstalt für Luft- und Raumfahrt   40
  Fritz Thyssen Stiftung   75
  Hochschule   83
  Studienkolleg   121
  Wissenschaftsrat   128

Konstanz
  Hochschule   83

Krefeld
  Hochschule   83

Landshut
  Hochschule   83

Lemgo
  Hochschule   83

Lörrach
  Hochschule   83

Lübbecke
  Das Experiment   37

Lübeck
  Hochschule   83

Ludwigsburg
  Carolus-Magnus-Kreis   35
  Deutsch-Französisches Institut   38
  Hochschule   83

Ludwigshafen
  Hochschule   83

Lüneburg
  Hochschule   83

Mainz
  Akademie der Wissenschaften und der Literatur   4
  Amt für Ausbildungsförderung   7

Hochschule	83
Institut für Europäische Geschichte	92
Ministerien	104
Studienkolleg	121

Mannheim
Deutsche Stiftung für internationale Entwicklung	50
Hochschule	83
Institut für Deutsche Sprache	91

Marburg
Hochschule	83

München
Amt für Ausbildungsförderung	7
Fraunhofer-Gesellschaft zur Förderung der angewandten Forschung	71
Goethe-Institut	78
Hanns-Seidel-Stiftung	80
Hochschule	83
Ifo-Institut für Wirtschaftsforschung	86
Max-Planck-Gesellschaft	103
Ministerien	104
Ständige Konferenz der Rektoren und Präsidenten der Staatlichen Fachhochschulen der Länder der Bundesrepublik Deutschland e.V.	113
Studienkolleg	121

Münster
Hochschule	83
Studienkolleg	121

Neubiberg
Hochschule	83

Neuendettelsau
Hochschule	83

Nürnberg
Hochschule	83

Nürtingen
Hochschule	83

Oberursel
Hochschule	83

Offenbach
Hochschule	83

Offenburg
　Hochschule 83

Oldenburg
　Hochschule 83

Osnabrück
　Hochschule 83

Paderborn
　Hochschule 83

Passau
　Hochschule 83

Pforzheim
　Hochschule 83

Ravensburg
　Hochschule 83

Regensburg
　Hochschule 83

Reutlingen
　Hochschule 83

Rosenheim
　Hochschule 83

Saarbrücken
　Amt für Ausbildungsförderung 7
　Arbeitsgemeinschaft Afghanistan 9
　Hochschule 83
　Ministerien 104
　Studienkolleg 121

St. Augustin
　Gesellschaft für Mathematik und Datenverarbeitung 77
　Interdisziplinärer Arbeitskreis für Entwicklungsländerforschung 96
　Konrad-Adenauer-Stiftung 101

Schwäbisch Gmünd
　Hochschule 83

Siegen
　Hochschule 83

Sigmaringen
    Hochschule   83

Speyer
    Hochschule   83

Stuttgart
    Amt für Ausbildungsförderung   7
    Hochschule   83
    Institut für Auslandsbeziehungen   90
    Ministerien   104

Trier
    Hochschule   83

Trossingen
    Hochschule   83

Tübingen
    Hochschule   83
    Institut für wissenschaftliche Zusammenarbeit mit Entwicklungsländern   94

Ulm
    Hochschule   83

Wedel (Holstein)
    Hochschule   83

Weingarten
    Hochschule   83

Wiesbaden
    Amt für Ausbildungsförderung   7
    Hochschule   83
    Ministerien   104
    Statistisches Bundesamt   115

Wilhelmshaven
    Hochschule   83

Wolfenbüttel
    Hochschule   83

Wuppertal
    Hochschule   83

Würzburg
　Deutsche Gesellschaft für Amerikastudien　42
　Hochschule　83

Personenregister

Abel, Dietrich von	074	Dorsch, K. H.	025
Albrecht, Brigitte	035	Draguhn, Werner	016, 089, 117
Almeida-Sedas, Guilherme de	066	Dressel, Heinz F.	105
Amerongen, Otto Wolff von	046	Duisberg, Curt	068
Aretin, Karl Otmar Freiherr von	092	Egger, K.	070
Baader, W.	025	Egger, Richard	127
Bähr, H. W.	094	Eicke, Ernst von	046
Bartels, Hildegard	115	Eisenhauer, G.	024
Barth, Heinrich	101	Ellerkmann, W.	079
Bartocha, Ursula	037	Elshorst, Hansjörg	047
Batel, W.	025	Ende, Werner	012
Bauer, Wolfgang	045	Engelmann	115
Baumann, Bernhard	019	Engelmann, P.	098
Becher, Paul	097	Epp, August	071
Becker, Bernhard	033	Esters, Günther	072
Becker, Thomas	019	Even, Bert	032
Beckurts, K.H.	098	Fehr, Götz	095
Beitz, Wolfgang G.	106	Feigl, Hubert	120
Benecke, Dieter	096	Feldt, W.	023
Bilke, Karl-Heinz	101	Felsner, G.	107
Birrenbach, Kurt	043, 075	Ferber, Thomas	019
Bismarck, Klaus von	078	Fischer, Jürgen	126
Böhm	099	Fitterling, Dorothea	129
Borchert, Günter	001	Fleischer	115
Börner, Bodo	015	Fliszar, Fritz	073
Borst, Walter	119	Franke, Wolfgang	045
Braun, Dieter	120	Franz, Erhard	067
Braun, Hans-Gert	013, 086	Franzen, Wolfgang	018
Brenner, Günter	004	Franzmeyer, Fritz	061
Brunner, H.	094	Freyh, Brigitte	050
Brützle, Cristoph	018	Friede, Herta	129
Buchholz, H. E.	025	Friedrich, Inge	129
Bühling, Reinhard	050	Friedrich, Manfred	035
Bungert, Hans	042	Fritz, Gerhard	050
Büren, Rainer	120	Fuhs, F. W.	070
Carstens, Karl	031	Gebauer, Bernhard	101
Clapham, Ronald	015	Gehrke, Ulrich	117
Coing, Helmut	075	Genscher, Hans-Dietrich	021
Cornelius, H.	025	George, Dieter	049
Cruse	115	Gepperth, Rainer	080
Daly, John	100	Glaab	115
Dambroth, M.	025	Glaubitz, Joachim	120
Debelius, J.	057	Gleich, Albrecht von	093, 117
Delahaye, Karl	036	Glocke, Manfred	037
Diekert, Ulrich	033	Gmelin, Wolfgang	076
Dilger, Konrad	012	Gotto, Klaus	101
Doehler, Christian	090	Grabendorff, Wolf	120
Domitro, Michael	011	Grabitz, Eberhard	118

155

Grams, Doris	127	Kraak, Bernhard	060
Grau, Treufried	017	Kraft, Lothar	101
Grunwald, Günter	072	Krämer, Martin	002
Guckes	115	Krämer, Werner	058
Haeske, Horst	022	Krätschell, Hermann	069
Hahn, Wilhelm	090	Krause, Joachim	044
Haier, U.	057	Kreyenberg, Peter	128
Hake	115	Krückeberg, Fritz	077
Hanf, Theodor	017	Krüger, Hans-Peter	078
Harbusch, L.	034	Krupp, Hans-Jürgen	061
Harde	099	Kuhn, Gertrud	090
Harnischfeger, Horst	078	Kuhnke, Hans-Helmut	116
Hasenclever, W.	040	Kümmerer, Emil	012
Haßkamp	115	Lallement, Bernhard	039
Hauff, Volker	029, 119	Lank, Erhard	081
Heck, Bruno	101	Ledderose, Lothar	049
Heidermann, Horst	072	Levi, H.W.	079
Heldrich, Andreas	128	Liese, Walter	024
Hennies	099	Limbach, Hans Reiner	097
Henning, Friedrich	073	Lindemann, Thomas	129
Herberger	115	Lingens	082
Hildebrandt	110	Linke	115
Hoelke	115	Littmann, Ulrich	100
Hoeppel, Hartmut	047	Luhmann, H.-J.	124
Hoffmann, Gerhard	042	Lüst, Reimar	103
Hofmann, Dieter	004	Mackamul	115
Hofmeier, Jürgen	117	Maier-Leibnitz, Heinz	041
Hofmeier, Rolf	013, 087	Manier, W.	025
Höhborn, Lieselotte	130	Martienssen, Helga	035
Hohnholz, J.	094	Martin, Werner	130
Hüer, H.	032	Mehr, R. D.	002
Isenhagen, Hans	118	Meinel, Hans	051
Jordan, H. L.	040	Meinhold, K.	025
Kalischer, Wolfgang	126	Meinhold, Peter	092
Kaminski, Herbert	045	Melchior, G. H.	024
Kasperkowitz	115	Menck, K. W.	096
Kautzenbach, Erhard	118	Merks, Karl-Wilhelm	036
Keller, Heinz	071	Merz, Hans Peter	047
Keppel, H.	025	Meyer, Karl-Heinz	033
Kerscher, Rudolf	075	Meyer-Abich, K. M.	124
Keßler, Walter	113	Mirek, Holger	015
Kind, D.	107	Mitter, Wolfgang	060
Kirchner, W.P.	023	Moltmann, Günter	042
Kirsch, O. C.	070	Mühe, W.	107
Klein, Doris	035	Muno, Horst	127
Klingmüller, Ernst	012	Neander, E.	025
Klose	099	Nerlich, Uwe	120
Kloß	115	Neumann, Karl	033

Niemeyer, Horst	116
Noack, Detlef	024
Nöldner, Klaus	074
Nötzold, Jürgen	120
Oberndörfer, Dieter	017
Offergeld, Rainer	030
Osinski, Paul	034
Oslage, H. J.	025
Otten, Heinrich	004
Paetz, Hans Jürgen	048
Pakleppa, H.	034
Paul, Wolfgang	006
Pauli	115
Pestel, Eduard	119
Pfeiffer, Heinrich	006, 125
Picht, Robert	038
Piotrowsk, J.	025
Pollig, Hermann	090
Pretzell, Klaus-A.	065
Probst, F.-W.	025
Rachwalsky, Klaus	034
Rahn, Hartmut	122
Ranft, Dietrich	103
Rathjens, Carl	009
Rehs, Michael	090
Reiber, Ralph	018
Reimer, Hans	117
Richter	115
Richter, Karl	129
Riecken, Peter	105
Rieger, H.-C.	070
Ringer	096
Rinke, Karl-Heinz	111
Ritter, Klaus	120
Roeloffs, Karl	052
Roemer, H. R.	049
Rohde, Klaus E.	012
Rohwer, E.	024
Rondé, F. G.	034
Rostin	115
Roth, Götz	120
Royen, Christoph	120
Rühle, Hans	101
Rüters, Franz	102
Rüther, Günther	101
Sahrhage, D.	023
Scheibe, Hubertus	052
Schetters, C.	025
Schieffer, Otto	112
Schiel, Carl Heinz	041
Schirmer, Horst	095
Schlephorst, Eberhard	071
Schlüter	115
Schmid, Wolfgang P.	004
Schmidt, D.	025
Schmidt, Helmut	027
Schmidt, Walter	033
Schmude, Jürgen	028
Schneider	115
Schopper, Herwig	010
Schrader, H.-J.	107
Schrader, Siegfried	024
Schreiber, W.	023
Schroers, Rolf	073
Schüler, Manfred	027
Schulte, Hansgerd	052
Schulz-Hardt, Joachim	108
Schumann, Hans	090
Schuster, Franz	101
Schuster, Rudolf	034
Schwarz	115
Schweers	024
Seibold, Eugen	041
Seidel, Heinz	081
Seifart, Werner	119
Seybold, E.	034
Sieverts, Rudolf	122
Slemeyer, H.	098
Sobotschinski	115
Stegmann, Wilhelm	085
Steinbach, Udo	012, 063, 117
Steinberg, R.	023
Stickel, Gerhard	091
Stratmann, Peter	120
Stücklen, Richard	053
Taake, Hans-Helmut	059
Tetsch, Ernst J.	090
Theenhaus, R.	098
Thesing, Josef	101
Thews, Gerhard	004
Thiel, Elke	120
Thomann, Marianne	018
Tietz, Horst	114
Tiews, K.	023
Tost, Ulrich	019
Turner, George	126

Verheugen, Günter	073	Wiesebach, Horst	059
Vix, Ernst	033	Wilke, Reinhard	039
Voelker, Alexander	069	Winkelhage, Friedrich	077
Vogel, Heinrich	026	Wirth, Eugen	012
Wagner	099	Woelke	115
Walther, Gebhardt von	043	Woessner, William	100
Weddige, Friedrich	019	Wolff, Armin	014
Wegner, Rose-Marie	025	Wörner, Manfred	101
Weiland, Heribert	013	Wüst, Gottfried	073
Weiss, Marianne	064	Zahn, Herbert	054
Weyel, Volker	044	Zajonc, Horst	010
Wiebecke, Claus	024	Zander, Bernd	033
Wiedecke, L.	107	Zimmer, E.	025